建築の歌を聴く

中部の名作42選

まえがき

俳句が文芸の居合抜きだとすれば、新聞や雑誌の連載コラムは三分間一本勝負のようなものだろうか。

字数は限られているが何回かつづき、一瞬で斬られるわけではないものの、一本一本気が抜けない。新聞紙面という「文字の海」の中で読者を引きつけ、血生臭いニュースに囲まれた文化欄なら清涼飲料水のような味わいが求められる。

コラムの神様と呼ばれた山本夏彦さんは、『室内』という雑誌の編集長を長く務められ、私の処女作『建築へ向かう旅』(冬樹社)を高く評価してくれた。私が日本建築学会の編集委員長に就いたとき、学会誌の編集顧問になっていただこうと連絡したが、すでに身体を悪くしておられたので顧問は辞退され、「閉鎖的な建築界の言論を一般社会に開くことが君の使命だ」と言われた。

たしかに、建築家の文章は論文のように難解で、独善的、結局何を言っているのか分からないものが多い。私にもその傾向がないとは言えないだろうが、処女作以来一貫して、建築界に向けてというより、一般読書人に向けて書いてきた。建築からの文化論と、文学の中の建築が基本であるが、このコラムを書いていたときは「どですか！」というテレビ番組のコメンテーターを務めていたので、社会評論的な部分も出ていると思う。

それでも建築が好きだ。

建築とは、この地上に新しい景観が出現することであり、人生の新しい舞台が出現することである。その空間の隅々に、歴史のロマンが眠り、人間のドラマが息づいている。それを見逃すのは残念ではないか。

ここでは、日本列島の屋台骨をなし日本史の中核をなす、中部の名建築を拾い上げ、それ自身に語らせようと努力した。そこに日本文化の「空間力」が浮かび上がらないであろうか。

本を手にとった方は、他生の縁。ぜひこの一本勝負を受けていただきたい。読んでみれば、あなたも建築通！

そんな一書となるよう念じつつ、新聞の連載に手を入れた。

さあ、本書をもって旅に出よう。

建築の歌が聴こえてくる。

そこにあなた自身のロマンとドラマが浮かび上がるはずだ。

やっぱり、リアルは面白い。

目次

まえがき｜002

文化のシンボル

01｜伊勢神宮…三重県伊勢市――008
02｜名古屋城…名古屋市中区――012
03｜スパイラルタワーズ…名古屋市中村区――016
04｜愛知県庁本庁舎…名古屋市中区――020
05｜名古屋工業大学正門…名古屋市昭和区――024
06｜名古屋大学豊田講堂…名古屋市千種区――028

現代建築家の感性

07｜豊田市生涯学習センター逢妻交流館…愛知県豊田市――034
08｜セントライズ栄…名古屋市中区――038
09｜瞑想の森・各務原市営斎場…岐阜県各務原市――042
10｜金沢21世紀美術館…金沢市――046
11｜日本浮世絵博物館…長野県松本市――050
12｜海の博物館…三重県鳥羽市――054

旅の途中1｜万葉集と伊勢神宮が伝えるもの――058

建築と文学

13｜鶴舞公園　噴水塔・奏楽堂…名古屋市昭和区――062

14　旧岡崎銀行本店……愛知県岡崎市――066
15　藤村記念堂……岐阜県中津川市――070
16　白川郷……岐阜県白川村――074
17　森鷗外・夏目漱石住宅……愛知県犬山市　博物館明治村――078
18　西郷従道邸……愛知県犬山市　博物館明治村――082
19　帝国ホテル中央玄関……愛知県犬山市　博物館明治村――086
旅の途中2　漱石の義弟とその夫人――090

洋風・和風・モダン

20　旧開智学校……長野県松本市――096
21　六華苑・諸戸家住宅洋館……三重県桑名市――100
22　ヴォーリズ建築……滋賀県近江八幡市――104
23　旧川上貞奴邸……名古屋市東区――108
24　名古屋市市政資料館……名古屋市東区――112
25　八勝館・御幸の間……名古屋市昭和区――116
26　蒲郡クラシックホテル……愛知県蒲郡市――120
27　南山大学キャンパス……名古屋市昭和区――124
28　愛知県立芸術大学キャンパス……愛知県長久手市――128
29　豊田市美術館……愛知県豊田市――132
旅の途中3　外国人建築家の系譜――136

風土と伝統

30―妻籠宿 松代屋……長野県南木曽町――144
31―吉島家住宅……岐阜県高山市――148
32―高山 伝統の町並み……岐阜県高山市――152
33―ひがし茶屋街……金沢市――156
34―彦根城……滋賀県彦根市――160
35―有楽苑・如庵……愛知県犬山市――164

旅の途中4｜信長と利休――168

産業の空間力

36―産業技術記念館……名古屋市西区――174
37―ノリタケの森……名古屋市西区――178
38―INAXライブミュージアム……愛知県常滑市――182
39―一宮市三岸節子記念美術館……愛知県一宮市――186
40―名古屋市演劇練習館「アクテノン」……名古屋市中村区――190
41―新名古屋火力発電所……名古屋市港区――194

おわりに

不二の一文字堂――198

あとがき――202

文化のシンボル

01

伊勢神宮

今こそ改まりたき日本

日本国を象徴する文化空間というものがあるとすれば、法隆寺でも国会議事堂でもなく、まず伊勢神宮である。宗教学的にも世界的な霊場と評価されているが、昨今、若い女性の間で縁結びのパワースポットとして大人気だという。

式年遷宮が近づいている。既に数年前から準備が始まり、宇治橋も架け替えられた。伊勢の遷宮は日本文化を象徴する建築的祭りであり、用材を選び、運び、加工する―そのプロセスのすべてが三十以上の祭りになっているのだ。この国は、二十年ごとに、全く同じ物を全く新しく建て替えるということを、千三百年間延々と続けてきた。世界に類のない文化である。

先回の遷宮の時、私は幸運にも地元の氏子とともに「お白石持ち」行事に参加することができた。白装束に身を固め、拳ほどの白い石を二つ持って、本殿の周囲に敷き詰めに行くのである。謹厳な気持ちで膝《ひざ》を屈して石を置き、ふと顔を上げると、建ったばかりの棟持柱《むなもちばしら》の素木《しらき》の肌が、朝日を浴びて赤子の肌のように輝いて見えた。この瞬間をもって日本中が心改まるのだ。そう思った。

遷宮については技術の伝承や、古材を地方の神社に使う無駄のなさも指摘されるが、この制度が定められたのは、法隆寺や興福寺や薬師寺など、仏教建築の全盛期であったことに留意したい。そこには新しい国際思想としての仏教と、伝統思想としての神道との激しい葛藤《かっとう》があったのである。

中国から伝わった仏教の様式は、基壇の上に柱を建て、木部は華やかな朱塗り、屋根は豪壮

神の森へ。空晴れて　撮影・宮澤正明

な瓦葺《かわらぶ》きだった。掘立柱《ほったてばしら》に素木、茅葺《かやぶ》きという日本古来の建築に比べれば、圧倒的な持続力を持つ、つまり「文明」であった。いにしえの神の道は、いかにして旧来の様式を守りながら、新しい文明の様式に対抗させるのか。その絶望的な思案こそが、遷宮という「生まれ変わり」のシステムを生んだのだ、と私は考える。

物は変わっても姿は変わらない。そして心は改まる。改まりながら持続する。それが「もののあはれ」や「無常」という美意識にもつながって、その後の日本文化のあり方を決めたのではないか。

今度の遷宮では、人気取りのバラマキに終始する日本の行政が、根本から改まってもらいたい。そしてできることなら鬱々《うつうつ》とした、この国の人々の精神も明るく改まってもらいたい。そんな期待を込めるのは、政権交代だけでは何も改まらないことが分かったからであろうか。絶望的な財政赤字は、政治より神事に頼りたい気持ちにさせる。

伊勢神宮

内宮は近鉄・宇治山田駅から三重交通外宮内宮循環バスで15分。外宮はJR、近鉄・伊勢市駅から徒歩5分。三重県伊勢市。問い合わせは神宮司庁 TEL0596(24)1111。

清石と白石(右)　撮影・宮澤正明

千木、鰹木がまぶしい正殿の屋根　撮影・宮澤正明

初詣でにぎわう宇治橋

02

名古屋城

清正も兜脱いだ?大修理

名古屋市の河村たかし市長は、本丸御殿の復元を無駄遣いと反対していたが、今度は天守閣を木造で建て替えてはどうかと言い出した。突拍子もないのはこの人の持ち味で、石垣の造営で知られた加藤清正も草葉の陰でビックリしただろう。だが、これは妥当な意見であろうか。

もともと天守閣は、安土桃山時代から江戸初期までに、集中的に建てられた、日本建築史の中でも特異な存在で、火矢に焼かれることを避けるため、外部を塗り込めにして木部を隠している。内部からは構造が見え、荒っぽくて木骨コンクリートというに近い。むしろ本丸御殿の方に当時の書院《しょいん》造《づくり》の絢爛《けんらん》と技術の粋が見られる

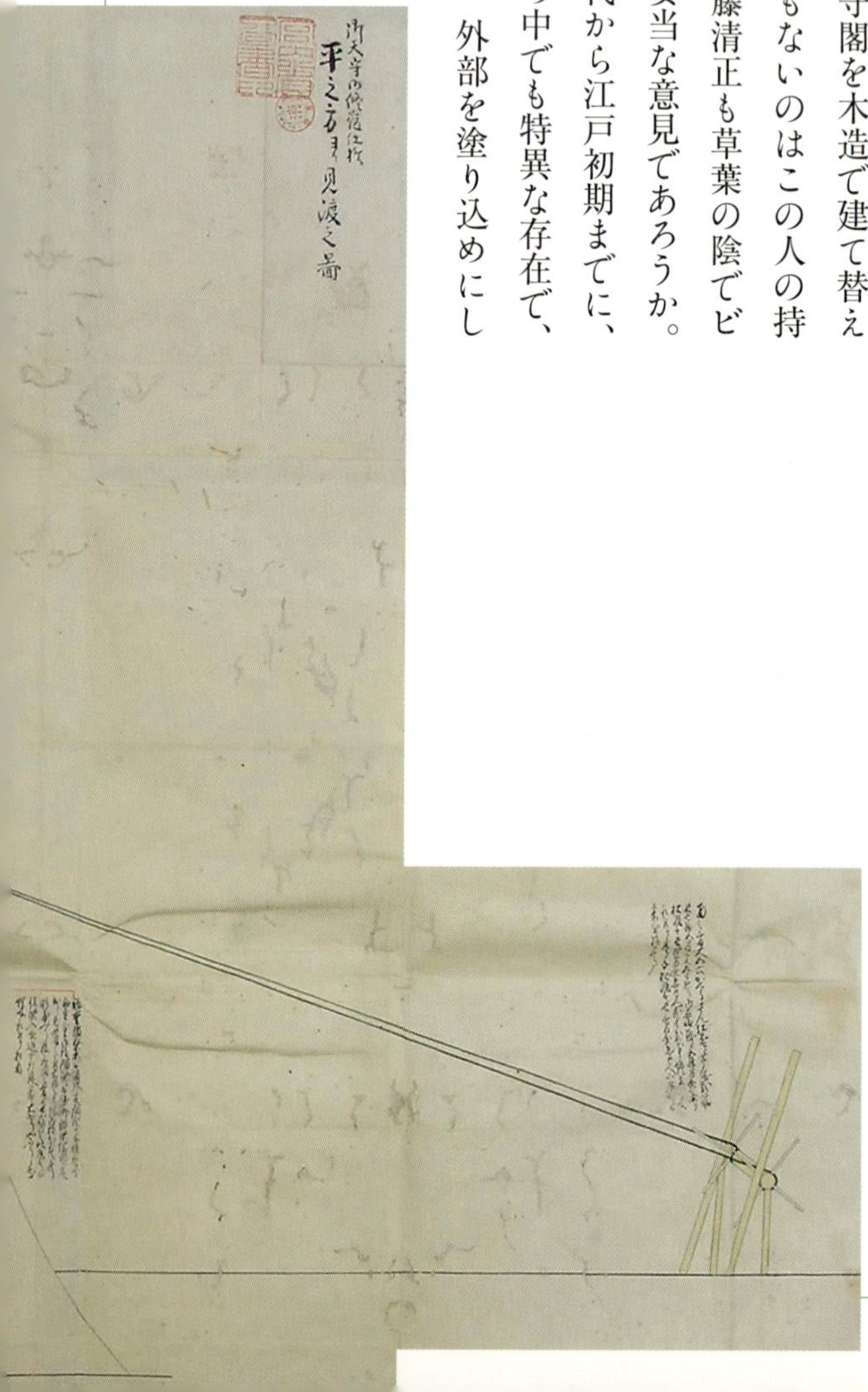

名古屋城宝暦の大修理時の修理図面(伊藤家所蔵)

のだ。

その防火構造であったはずの天守閣も、火矢に代わる米軍のB29の爆撃に炎上せざるをえなかった。戦後「二度と焼かれない」という目的で、近代耐火構造の鉄筋コンクリートで再建されたのも理のあることなのだ。これも歴史の一ページである。木造での建て替えは、逆にその記憶を消すことにならないだろうか。

しかし、日本の武家文化を研究し、展示する拠点にするというのなら大賛成だ。

私は昔から、京都は公家と僧侶の文化、東京は町人と官僚の文化、日本の武家文化の中心は名古屋だと言ってきた。天守閣を改修し、できるだけ当時の姿に戻すとともに、日本史の中核をなす武家文化の本格的な研究展示

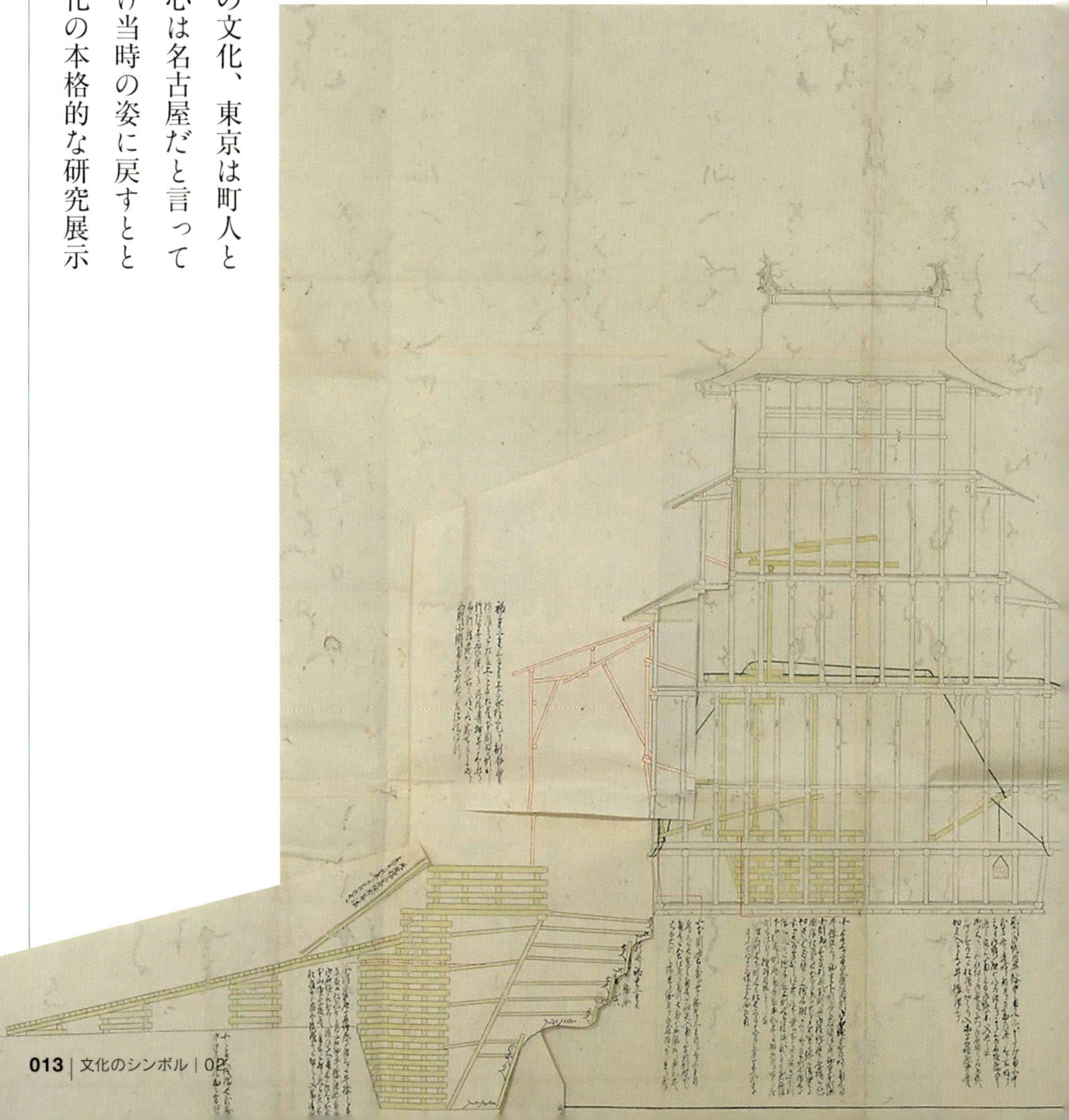

施設として整備するべきである。本丸御殿を復元しても、市民に利用されるのでなければ意味がない。

ここで建築的なエピソードを紹介すれば、少し前、天守閣の築城にも匹敵する「宝暦の大修理」（一七五二〜五五年）の実態が明らかになった。名古屋工業大の麓《ふもと》和善教授が発見した資料によれば、時を経た城の石垣が沈み込んで天守閣が傾いたので、高さ三十六メートルの建物をほとんど解体することなく、太縄を張り、百メートル以上先から櫓《やぐら》のようなものを使ってテコの原理で引き起こし、石垣を築き直したという。「空前絶後の大技」と麓教授は評価する。これを実行した作事奉行、寺町平左衛門と日下部兵次郎には、さすがの清正も兜《かぶと》を脱いだに違いない。

ちなみに、織田信長が築いた安土城を復元し、天守（天主）という建築には、南蛮人をつうじてヨーロッパのカテドラル（大聖堂）の影響があったと論じたのは、麓教授の師に当たる内藤昌名工大名誉教授であった。

築城も歴史であり、改修も歴史であり、焼失も、そして鉄筋コンクリートも、また歴史である。

名古屋城 地下鉄名城線・市役所駅から徒歩5分。名鉄瀬戸線・東大手駅から徒歩15分。市バス・市役所から徒歩5分。開園は9時〜16時30分（天守閣の入場は16時まで）。休園は12月29日〜1月1日。観覧料は大人500円、名古屋市内高齢者100円、中学生以下無料。名古屋市中区、北区。問い合わせは名古屋城総合事務所 TEL052(231)1700。

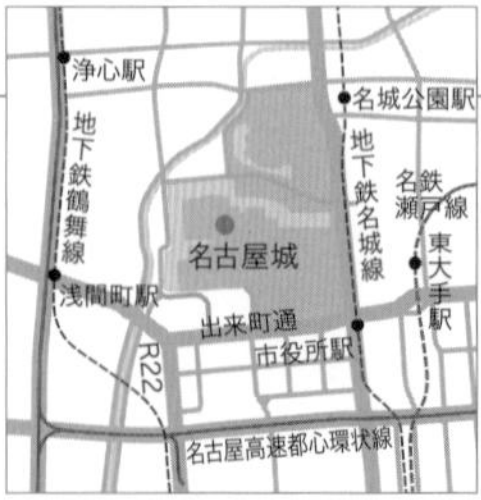

1945（昭和20）年の空襲で炎上、1959年に再建された現在の名古屋城

1931（昭和6）年に撮影された名古屋城の航空写真

03

スパイラルタワーズ

天に向かう・挑戦か傲慢か

天に向かってドリルで穴をあけるかのように、鋭いガラスの切っ先がそそり立つ。名古屋駅前にできた「モード学園スパイラルタワーズ」である。建築にオーソドックスなものを求めがちなこの地域において、ひときわ異彩を放つ。

大きな組織に勤める私の弟子が設計を担当したので、竣工近い時期に案内してもらった。どれ一つとして同じサッシュ、同じガラスはない。ほとんどのコストが外壁にかけられた。どの階も円形平面の三分の一ぐらいが欠けているので、高さのわりに延べ床面積が少ない。こういう建築の敵は地震よりも風で、台風の翌朝には頂部のガラス壁が飛ばされていないかと、老婆心をもって新聞を見る。

もちろん、個性あるオーナーの強い意志と情熱なしには成立しなかった。建築論的な評価は別として、私はそういう決断力のあるオーナーがいることを好ましく思う。今の日本は官僚だけでなく、政治家も、経済人も、大学教授までが小才子ばかりになってしまった。優秀なはずの才子が集まり、周到な調査と会議を重ね、公共の名のもとに税金を投入して「何々会館」「何々センター」と訳の分からないものをこしらえ、結局ろくに使われていない。館長と幹部職員は役所のOBである。オーナー経営者なら泣いても笑っても自分の責任であるが、小才子どもは

天に向かうガラス曲面

責任をとらない。なにしろ自分が決めたのではなく、会議が決めたのだから。

そういえば最近、久々に高い建築が話題となっている。一つは、アラブ首長国連邦ドバイで、八百二十八メートルのブルジュ・ハリファが世界一の高層ビルとなったこと、もう一つは、六百三十四メートルの東京スカイツリーだ。設計（日建設計）と施工（大林組）はこのビルと同じで、技術もスタッフも、かなり重なっているという。

人は構築する動物である。まして、石や煉瓦《れんが》を積み上げて建築する西洋において、文明とは都市の構築であり高さへの挑戦であった。創世記にある「バベルの塔」の挿話は、その文明の傲慢《ごうまん》、構築の無謀、技術の過信に対する戒めであったに違いない。あの二〇〇一年九月十一日の、金融資本の牙城たる世界貿易センタービル（WTC）が崩壊した事件も、犠牲者に哀悼の意を表し、テロリズムを批判した上での話であるが、何かしら文明の傲慢に対する戒めを感じた。

スパイラルタワーズは、うねりながら天に伸びていく形態がバベルの塔に似ている。挑戦が無謀にならないように祈りたい。

人間は空に恋している。

モード学園スパイラルタワーズ

JR、地下鉄名城線、同東山線、名鉄、近鉄・名古屋駅から地下街に直結。名古屋市中村区名駅4－27－1。問い合わせは名古屋モード学園 TEL052(582)0001。

スパイラルタワーズ全景

エントランスホール

学生サロン

講義室

04

愛知県庁本庁舎

時代が求めた帝冠様式

名古屋城の近くにもう一つ、お城のような建物がある。愛知県庁（本庁舎）である。茶色い煉瓦《れんが》タイル壁面の中央頂部に、天守閣と見まがうばかりの立派な屋根が載っている。

建てられたのは一九三八（昭和十三）年。明治以来、わが国の建築は洋風に向かい、このころには既にモダニズム（装飾のない箱のような様式）も入ってきていたのだが、なぜこのような建築となったのか。

昭和十三年と言えば「二・二六事件」の二年後であり、日本社会は急速に軍国化していた。建築にも、西洋風の円屋根や、近代風の平屋根より、日本の伝統を象徴する勇壮な傾斜屋根が

求められたのである。特に城郭建築は軍国精神にマッチしていた。また維新直後の廃藩置県、すなわち藩に代わって県を置いて以来、殿様気分の知事もいたであろう。愛知県庁は、新しい天守とも言うべき風格をもって建てられた。

これは今の建築界において、「帝冠様式」と呼ばれている。帝国主義の冠を載せた、まがいものの様式という意味だ。東京では帝室博物館（現国立博物館）や軍人会館（現九段会館）が、その代表である。時代が変われば名前も変わることから分かるように、戦後民主主義において、こういった建築は強く批判されたのである。

現在ではそういった思想的な批判もやわらぎ、時代を表現する文化財としての扱いを受けている。私もそのことに異議はないし、愛知県庁は日本の帝冠様式を代表する建築とも評価している。無機的な建築の多い名古屋の街に、どこか潤いを与えるとも考えている。

帝冠様式の代表格、愛知県庁舎

しかしこのほど、この建物が免震構造に全面改修されたことを知る人は少ないだろう。行政的にも文化的にも重要な建物であるから、地震に対して安全であるのはいいことであるが、そのコストは大きなビルが建つほどの額であった。

計画時には愛知県の財政も豊かだったし、免震装置は柱の下にあって目立たないから批判も少なかったが、今なら仕分けの対象となったかもしれない。予想される大地震の時にも、お役人様だけは絶対安全ということに、殿様気分を感じてしまうのは、庶民のひがみ根性か。

昭和の冠は天にそびえたが、平成の冠は地下に隠れたと言うべきか。帝冠様式も時代であり、免震改修も時代であると言うべきか。

建築は沈黙をもって語る。

愛知県庁

地下鉄名城線・市役所駅から徒歩1分。名鉄瀬戸線・東大手駅から徒歩5分。市バス・市役所から徒歩3分。名古屋市中区三の丸3－1－2。問い合わせは愛知県庁 TEL052(961)2111。

花崗岩で重厚さを出した車寄せ

書院造（しょいんづくり）を感じさせる講堂

05

名古屋工業大学正門

若き工人たちへ

雨上がりの公園。久しぶりに歩く。

鶴舞の駅からまっすぐ、噴水塔に向かい、公会堂を左に見て、放射状の道を選び、奏楽堂を過ぎ、ぬかるんだ道を避けて、こんもりとした森を抜ければ、前方に、名古屋工業大（名工大）の正門が見えてくる。

低木の植栽と組み合わされた、水平に長く伸びるコンクリートの壁が、次々と学生をのみ込んでいく。質実剛健という名工大の特質を考えれば、打ち放し以外の選択は考えられなかった。タイル煉瓦《れんが》では甘すぎる。石では豪華すぎる。

もともと両側に立っている樹木を切らないよう、上から見て半径五十メートルの大きな円弧の壁

を建て、来訪者を迎え入れる形をとる。壁面の左上に、その円弧を太陽としたときの地球の大きさを表すステンレスのリングを埋め込み、さらに月の大きさを表す円盤を埋め込んだ。この門の前に立つ学生は、太陽と地球と月の大きさを相対的に把握する。

この円弧の奥にもう一つ円弧の壁があり、そのあいだに守衛室が組み込まれている、つまり日本建築における長屋門の考え方によって、邪魔になりがちな守衛小屋を隠しているのだ。

外側の円弧の壁の、ちょうど人が入る上の方に、八桁《けた》の数字が書かれている。内側の円弧にも書かれている。計四カ所、「1」で始まる八桁の数字が書かれているが、設計者（筆者）はその説明をしなかったので、物理、化学における何らかの常数だとされ、数学の先生は数列として解析を始め、マスコミは「名工大の謎」として取材に来た。

守衛さんが通りすがりの人に尋ねられて困るというので、案内板の横に数字の意味を記すことにした。これは外側から、ダ・ヴィンチ、ガリレイ、ニュートン、デカルトの生年と没年を組み合わせた数字である。近代科学をひらいた四人の生きた時間を表しているのだ。

仏寺の山門や中門が大きな意味をもつのは、その内部に強固な学問思想があるからだ。宇宙と科学の、空間と時間を表象する名工大の正門が、無言のうちに学生を教育することを期待する。

若き工人たち。質実剛健の魂を内に秘め、高く、広く、世界に飛翔《ひしょう》せよ。

追記・大学の門としては東京大の赤門が有名だが、これはもともとそこにあった前田家の門であり、唐詩において「朱門」といえば、腐敗した官僚の隠喩《いんゆ》として、豪華な家を指す。

名古屋工業大学正門

JR中央本線・鶴舞駅から徒歩7分。地下鉄鶴舞線・鶴舞駅から徒歩10分。名古屋市昭和区御器所町。問い合わせは同大学 TEL052(735)5000。

緩やかな曲面のコンクリート打ち放し

円弧(太陽)を描く壁の左端にはめ込まれた地球(右)と月

入り口に書かれた謎の数字

06

名古屋大学豊田講堂

知の高台に立つ

東大の安田講堂、早大の大隈講堂など、講堂は大学の象徴となりやすい。あの紛争のときも、その権威の象徴で学生と機動隊の攻防戦が演じられたものだ。

広い道路の東西に分かれて、どことなく雑然とした名古屋大学の象徴も、明らかに豊田講堂である。ただ、安田講堂や大隈講堂が、いかにもシンボリックな垂直軸の構成を有するのに対して、豊田講堂は水平線を強調した構成で、決定的なシンボル性に欠けている。

しかしこれはいい建築だ。

その水平性こそが、戦後民主主義の時代につくられた象徴建築の特質でもあり、打ち放しコ

西側から見た名古屋大学豊田講堂全景

ンクリートの構造部材は力強く、組み込まれた白壁には学問の府らしい清新さがある。

安藤忠雄の前任者として東大の建築家教授であった槇文彦の若いときの作品で、丹下健三の全盛期であったことや、槇が、菊竹清訓、黒川紀章などとともにメタボリズム（都市の建築は新陳代謝するべきだという理論）というグループを結成したことなどの背景が感じられる。建築は時代が創る。この講堂がなければ、名古屋大学のキャンパスはお粗末といわれても仕方ないだろう。最近は若い建築家が設計したものもできてはいるが、もうひとつスピリットを感じさせないのだ。

そしてその前の一段高くなった広場がいい。

昨年、講演を頼まれて久しぶりにキャンパスを訪れた私は、この高台に立って、夕日に染まる名古屋の空を見渡しながら、これまでにお世話になった先生方を思い起こした。

ホールへの導入部

まず、長く総長を務められた飯島宗一先生、ＮＨＫの番組審議会で六年間ご一緒し、座長の彼は私の勝手な意見を是正しながらよく採り上げてくれた。そのあとに総長になられた松尾稔先生とは、都市に関する研究会のあと豪快に酒を飲んだ。また経済学の飯田経夫先生、教育学の堀内守先生、極地研究の樋口敬二先生とは、委員会やシンポジウムなどでよくご一緒した。すでに大家であった彼らはみな、無遠慮な若造を気鋭の論客として遇してくれた。

しかし今の名古屋大学に、ああいった広い教養と深い懐をもつ先生方がおられるだろうか。一般に昨今の大学人は、改革の掛け声のもと、点数稼ぎに忙しく、心に余裕がない。技法に溺《おぼ》れ、学問に創造性と総合性がない。ノーベル賞学者が出たことは称賛すべきことであるが、それもかなり前の大学の空気における業績ではないか。この大学には、その専門をのばすとともに、もう一方で、広くこの地域の学問を総合する「駘蕩《たいとう》たる知の高台」でありつづけて欲しい。

名古屋大学豊田講堂

地下鉄名城線・名古屋大学駅からすぐ。名古屋市千種区不老町。問い合わせは同大学 TEL052(789)5111。

槇　文彦［まき・ふみひこ］

1928(昭和3)年東京生まれ。槇総合計画事務所代表。52年東京大学工学部建築学科卒。54年ハーバード大学大学院修了。65年槇総合計画事務所を設立。62年「名古屋大学豊田講堂(愛知)」で日本建築学会賞作品賞、「風の丘葬斎場(大分)」で村野藤吾賞、プリツカー賞などを受賞。

入り口付近·内と外の間

エントランスホール

現代建築家の感性

07

豊田市生涯学習センター逢妻交流館

現代建築の『もののあはれ』

建築界のノーベル賞といわれるプリツカー賞を受賞した、世界的な女性建築家妹島《せじま》和世の新しい作品が、愛知県豊田市に登場した。

彼女の作品は、いかにも女性らしい柔らかな造形とともに、男性顔負けの大胆な空間構成に特徴がある。

今回も妹島らしく、薄い白い壁、大きな曲面ガラス、細い丸柱、シンプルな詳細というテイストを守りながら、曲面で囲まれた各階の平面をずらせて重ねるという、大胆な空間構成をとっている。少し前に手がけた金沢21世紀美術館と、ニューヨーク新現代美術館のハイブリッドといったところだ。おとなしい人物であるが、細腕かつ剛腕、繊細かつ大胆、淡泊かつ執拗《しつよう》。今や安藤忠雄、伊東豊雄と並び、世界で最も注目される建築家であり、若い人の支持も圧倒的に高い。

ここで注目したいのは、彼ら現代を代表する建築家が、美術館とともに、ファッションブランドのビルを多く手がけていることである。東京の表参道にはトッズ（伊東）、ディオール（妹島）、プラダ（ヘルツォーク）、表参道ヒルズ（安藤）など、現代建築家の作品が軒を連ねる。

一九七〇年ぐらいまで、モダニズム（近代主義）建築のパトロンは国家であった。例えば丹下健三は、広島平和記念公園、東京オリンピック屋内競技場などによって日本を代表する建築家となった。国家が求めたものは「権威」であろう。近代国家は立派な近代建築を持つべきだ、と考えられたのだ。

その後、九五年ぐらいまでは企業と自治体がパトロン

周りの風景と溶け合うガラスの壁

だった。例えば日建設計は、企業の本社ビルや各地の文化会館などを多く設計している。企業や自治体が求めたものは「効率」であろう。組織事務所が重要な役割を果たした。

そして現代建築家のパトロンとなっている世界のブランドが求めるものは「感性」であろう。安藤や伊東や妹島は、その感性が、つまり彼らのつくる空間のテイストが、ブランド商品のイメージを高めると考えられているのだ。

しかし、もう一つ、筆者がこの三人の建築家に共通して感じるのは、日本文化の中にある「精妙」なる美意識である。本人は意識していないかもしれないが、グローバル時代の先端建築にも伝統というものは現れる。

妹島は特に、紫式部や清少納言以来の「もののあはれ」にも通じる、柔らかで微妙な女性文化を受け継いでいる。世界の美術館もブランドも、そこを買っているに違いない。

ちなみに名古屋市中区のオペークというファッションビルは、彼女が外観をデザインしたのだが、閉店したと聞く。建築の賞味期限がファッションに近づいた。これも市場原理というものだろうか。

豊田市生涯学習センター　逢妻交流館

名鉄三河線、同豊田線・豊田市駅、愛知環状鉄道・新豊田駅から名鉄バス・宮上町または本新町から徒歩15分。開館は9時〜21時。休館は月曜日（祝日は開館）、年末年始。愛知県豊田市田町3-20。問い合わせは同館 TEL0565(34)3220。

妹島和世 ［せじま・かずよ］

1956（昭和31）年茨城県生まれ。慶應義塾大学・多摩美術大学客員教授。81年、日本女子大学大学院修了、伊東豊雄建築設計事務所に入所。87年に妹島和世建築設計事務所を設立。92年「再春館製薬女子寮（熊本）」で新日本建築家協会新人賞、SANAA（西沢立衛とのユニット）としてベネチアビエンナーレ金獅子賞、ショック賞、プリツカー賞を受賞。

三階の天井には青空が

開口部はすべて曲面のガラスで構成

08

セントライズ栄

炎と執念のコンクリート

これまで、新しく建築学科に入った学生に「知っている建築家は誰か」というアンケートを行ってきたが、この二十年ほどはずっと、安藤忠雄が圧倒的であった。その前は黒川紀章であり、われわれの学生時代は丹下健三であった。

その安藤の最新作が、名古屋栄の丸栄の南側に登場した。上層部は鎧戸《よろいど》のようなルーバーをファサード（立面）としたオフィスビルで、下層部はソニーのショールームといくつかの店舗が入って、安藤らしいシンプルな美しさと高い質感を持つ空間になっている。

しかし、安藤作品の特徴は、まずその「打ち放しコンクリート」の精度にある。

木造建築の国である日本では、コンクリートを近代的なものと考えがちだが、西洋では古代ローマ以来の古い建築材料であり、近代的になったのはそこに鉄筋が入るようになったからだ。これを「打ち放し」として使ったのが、有名なル・コルビュジエで、昔は丹下健三もその影響を受けてよく使っていた。ただ、コルビュジエのコンクリートは荒っぽい仕上げで、精密なものを求める日本では工事中のような印象があって、あまり使われなくなっていた。

そこに登場したのが安藤である。これまでとはまったく異なる「完璧《かんぺき》な打ち放し」をひっさげて。デビュー作「住吉の長屋」（大阪市）は

安藤忠雄が設計した「セントライズ栄」

SONY

小さなシンプルな住宅であるが、その牢獄《ろうごく》のような外観は建築界に衝撃を与えた。大学を出ていない無名の若者であった。

彼はまず、型枠の組み方にこだわった。日本では、ほぼ九十センチ×百八十センチ、つまり昔の三尺×六尺の規格の合板が使われるが、安藤は合板のサイズと、型枠を組む時のセパレーター（型枠を一定の間隔に止める金具）の穴の跡を、そのまま建築の意匠にしたのである。

そのためには、型枠を組むこととコンクリート打ちに完璧な精度が求められる。若い時の安藤は常に現場に立ち、事務所のスタッフを総動員し、注意深くコンクリートを打たせた。設計者はもちろん、監督にも職人にも施主にも、安藤は建築にかかわるすべての人間に緊張を強いた。

あの美しいコンクリートの壁には、元ボクサーであった彼の炎のような執念が打ち込まれているのだ。それがその空間に、武士道や禅の境地に例えられるほどの強い精神性として現れる。無名の若者は世界的建築家となり、東京大学の教授ともなった。

セントライズ栄

地下鉄東山線、同名城線・栄駅から徒歩3分。名古屋市中区栄3－3－21。問い合わせは平和不動産名古屋支店 TEL052(241)7030。

安藤忠雄［あんどう・ただお］

1941(昭和16)年大阪生まれ。安藤忠雄建築研究所主宰。東京大学名誉教授。高校を卒業後、独学で建築を学び、69年に研究所を設立。79年「住吉の長屋」で日本建築学会賞をはじめ、日本芸術院賞、プリツカー賞など多数受賞。代表作に「光の教会(大阪)」「FABRICA(イタリア)」などがある。

セントライズ栄は、打ち放し部分は少ないが、金属やガラスの扱いにもコンクリートと同じ高い質感が現れているし、安藤建築のもう一つの特徴である、自然を取り込んだ空間の立体的な奥行きを感じることもできる。

打ち放しコンクリートを堪能したい方には、岐阜市の長良川国際会議場を訪れることをお勧めしたい。

地下階段の打ち放し

正面入り口

09

瞑想の森・各務原市営斎場

彼岸への『ふわり』

夕暮れであった。ちょうど人里を離れたあたり、山裾《やますそ》の鬱蒼《うっそう》とした森の中に分け入っていくと、あたかもスピルバーグ監督の映画「未知との遭遇」のような、光り輝く不思議なオブジェに出合う。

岐阜県各務原市の斎場である。

白い大きな魔法の絨毯《じゅうたん》が、池の前に「ふわり」と舞い降りたような格好だ。建築学的にはコンクリート・シェルと呼ばれる貝殻状の曲面が、そのまま屋根であり、壁であり、柱となっている。ガラスの仕切りは付随的なものとしか感じられ

ない。

この前衛的な建築の設計者は伊東豊雄。

彼の作品はほとんどが、優秀な構造家（建築設計における力学的な問題を考える専門家）とのコラボレーション（協働）である。コンピューターを駆使した力と形の関係の膨大な計算の結果として選び出された動的な形態は、数学的でもあり、生物的でもあり、普通の建築の常識をはるかに超えている。

その意味で伊東は今、世界の建築界における先端のランナーとして位置づけられている。しかし、妹島《せじま》和世の作品を「もののあはれ」につうじる女性的な美意識と評し、安藤忠雄の作品を「武士道的」な精神と評した例にならえば、「綺麗錆《きれいさ》び」の、つまり美しい数寄屋（茶室）の流れというべきか。伊東の風変わりな作品は、日本建築の精緻《せいち》な技術力に支えられているのだ。

ここでも伝統は生きている。

夕暮れに輝くオブジェ

美術館やブランドをパトロンとする現代建築家が、一方で斎場を設計するのは、やはりその感性が求められてのことだろう。が、人の死を扱う施設の設計はなかなか難しい。葬儀というものが、戒名に値段をつけるような寺院で足が痛くなるまで座らされたり、いかにも商業主義的な演出のホールで効率よく処理されたりすることに違和を感じ、建築よりもむしろ自然の中でと思うのは、私ばかりではないはずだ。

瞑想《めいそう》の森と名づけられている。建築家なら誰も、ストックホルム（スウェーデン）郊外にあるアスプルンド設計（レベレンツとの共同）の名作「森の葬祭場」のイメージがあったに違いない。そこでは、建築は最小限に抑えられ、人はさわやかな風の吹く丘の上で送別され、深い深い森の奥の土に眠る。訪れた筆者も「ここに埋葬されたい」と思ったほどだが、その森全体が世界遺産に認定された。

時とともに、この各務原の「ふわり」が、あの森のような神聖な風格を獲得していくことを願ってやまない。

瞑想の森・各務原市営斎場

JR高山線・那加駅から車で10分。開場は8時30分～17時15分。休館は1月1日と友引の日。岐阜県各務原市那加扇平2－5。問い合わせは同斎場TEL058(382)6012。

伊東豊雄 ［いとう・とよお］

1941(昭和16)年ソウル市生まれ。伊東豊雄建築設計事務所代表。65年東京大学工学部卒後、菊竹清訓建築設計事務所に勤める。84年「笠間の家」で日本建築家協会新人賞、86・2003年に日本建築学会賞、ベネチアビエンナーレ金獅子賞、RIBAゴールドメダルなどを受賞。主な作品に「せんだいメディアテーク(宮城)」「サーペンタイン・ギャラリー・パビリオン2002(イギリス)」など。

森を背に貝殻状の曲面屋根

自然と一体化された内部

10

金沢21世紀美術館

白い衝撃

悠久の風薫る街の中心に、無窮の宇宙から白い円盤が降臨した。文学と、工芸と、北陸の風土に根ざした食という、歴史的な文化都市に現代アートが割り込んだのだ。

巨大な真ん丸の平面であるから、グーグルアースで見ればピラミッドやペンタゴンにも匹敵する〝地表の幾何学〟、しかも真っ白であるから建築とは思えず、消しゴムで消したような〝地表の空白〟である。

初めは、加賀百万石の伝統的な都市空間には強い違和感があると思われた。しかし今、この美術館にも、街全体にも、それなりの調和を感じる。それが金沢という都市の文化力というも

のか。むしろ不快な違和を感じるのは駅前の無味乾燥な再開発である。

アートそのものについてはさておき、美術館が建つ場所は、まさに金沢の中心地で、その使い方について意見を求められたこともあり、設計中に何度も変更される図面を見る機会もあったので、この場所にこの空間が出現するプロセスを知っていた。しかしその図面は、円の中に大小の正方形がいくつも詰め込まれた、建築というより、何か珍しい機械の設計図あるいはシステムの概念図のようで、それがあの場所に建つということが実感できなかった。

完成してから訪れ、いざエントランスホールに入ってみると、その空間は大きくもなく、天井も低く、これ見よがしなデザインもない。ただどこまでも白い壁面に中庭から入る光が乱反射して、むやみに明るい。これまでの美術館の常識をくつがえしている。

円形の建物から展示室などが突出した外観の金沢21世紀美術館

巨大な円盤から、それぞれ屋根を突き出した、いくつもの立方体が展示室で、入ってみれば、トップライト（天光）が適度に調整されていて展示品がよく鑑賞できる。一つの箱から次の箱へと移動するさいに、いったん明るいところに出るので、頭の中まで白くなるような気がする。見終わって、入り口横のカフェでコーヒーを飲んだとき、一つ一つの展示が強く印象に残っていることに気がついた。箱ごとに記憶がリフレッシュされるからであろう。

つまりこの建築は、大小いくつもの独立した美術館が集合した、街なのだ。そう考えたとたんに設計者の意図がよく理解できた。

プリツカー賞をとった世界的建築家・妹島《せじま》和世と西沢立衛の共同設計事務所（ＳＡＮＡＡ）の代表作である。現代建築というものを理解するには格好の空間であるから、アートに縁遠い方にも、ぜひ一訪をお勧めする。

金沢もこれまでとは少し変わって見えるはずだ。

金沢21世紀美術館

JR金沢駅からバスで香林坊下車、すぐ。開館は10時～18時（金、土曜日は20時まで）。休館は月曜日（祝日は開館）、年末年始。入館は無料。観覧料は展覧会の内容や時期により異なる。石川県金沢市広坂1－2－1。問い合わせは同美術館　TEL076（220）2800。

SANAA（サナア）

妹島和世（36ページ参照）と西沢立衛の共同設計事務所。ベネチアビエンナーレ金獅子賞、プリツカー賞など多数受賞。

西沢立衛［にしざわ・りゅうえ］

1966（昭和41）年東京生まれ。横浜国立大学大学院教授。90（平成2）年横浜国立大学大学院卒後、妹島和世建築設計事務所入所。97年事務所設立。

天窓で採光した展示室

ホワイエから見た中庭(光庭)。いくつかの光庭で室内を採光

11

日本浮世絵博物館

追尾される孤高

残雪の北アルプスを背景に、コンクリートとガラスの抽象絵画のような建築が孤独に建っている。

全体としては直方体の組み合わせで、特に奇抜な形というのではないが、壁面のコンクリートとガラスが、大きな三角と四角と円の幾何学形態を構成し、そのシンプルさが見る者に清冽《せいれつ》な印象を与える。北アルプスという自然の美と、浮世絵という芸術の美に対峙《たいじ》しているといっていい。

融合とか調和という言葉ではない。自然環境を背景にした伝統美術の建築には、傾斜屋根の日本的な形態が似合うと考えがちだが、俗説で

ある。むしろこの幾何学的純粋こそが、峻険《しゅけん》豪快な自然美と、大胆な構図と鮮やかな色彩の芸術美に拮抗《きっこう》するのだ。

設計者は篠原一男という建築家である。

だが、彼について語る前に、同時代の建築界を牽引《けんいん》した「メタボリズム」という概念に触れたい。生物学における「新陳代謝」を、都市と建築のデザインに適用するというもので、丹下健三を先達として、その流れを汲む、槇文彦、菊竹清訓、黒川紀章、さらに磯崎新といった建築家たちは、このダイナミックな成長論理を武器として、戦後復興、東京オリンピック、大阪万博、さらにバブル経済と、国家権力に寄り添いながら、華々しい作品（主として公共建築）をつくりつづけてきた。しかして晩年には、大仰な身ぶりのわりに空間の質が低下する傾向があったのも事実である。

この流れのまったく埒外《らちがい》にいた建築家が篠原

大胆な幾何学の壁面

である。

　数学者として出発し、建築家に転じてからも、住宅を年に一つという寡作を守り、若い時は伝統的な様式を丁寧に踏襲したが「伝統は出発点であり得ても回帰点ではあり得ない」と言い放って、事実そのとおりの道を歩んだ。箱型の位相幾何学的な空間構成を経て、一見暴力的とも見える強烈な抽象形態を志向する。その様式転換は、基礎的な具象絵画から独創的な抽象へと飛翔《ひしょう》したパブロ・ピカソを想起させる。

　これまでに登場した安藤忠雄、伊東豊雄、妹島《せじま》和世といった現代日本の建築家は、メタボリズムの世代とは逆に、身ぶりは小さいが空間の質が高く、そのことによって世界のトップに立っている。戦後日本建築に、量から質への、動から静への、価値転換があったとすれば、その転換点に立つのが篠原一男で、伊東も妹島も、篠原の影響を自ら認めている。

　孤高ではあるが、また熱心な支持者も、深く影響を受けた建築家も多い。日本という国が生んだ稀有《けう》な芸術家の一人というべきであろう。

日本浮世絵博物館

JR篠ノ井線・松本駅からタクシー7分。開館は10時～17時(入館は16時30まで)。休館は月曜日(祝日は開館)。入館料は一般1200円、小・中学生600円。長野県松本市島立小柴2206－1。同博物館 TEL0263(47)4440。

篠原一男［しのはら・かずお］

1925－2006　1925(大正14)静岡県生まれ。47(昭和22)年東京物理学校卒後、東北大学で数学を専攻。東京工業大学建築学科で清家清に師事。53年から東工大の教壇に立ちながら住宅を中心に発表。住宅設計に大きな影響を与えた。熊本北警察署(熊本)、東京工業大学百年記念館(東京)など公共建築も手がけた。

ホール内部

打ち放しとガラスで構成された外壁

展示室

12

海の博物館

まるで鯨の腹の中

海の観光で知られる鳥羽。少し山に入る。心地よい風の吹く広大な丘陵にシンプルな傾斜屋根の木造建築がいくつか配されている。中に入れば大屋根を支えて並ぶ梁《はり》が壮観。あたかも鯨の腹の中のような膨らみのある空間だ。観念的でも審美的でもない架構の原理に忠実な建築で、しかもローコストというところがこの設計者の力量であろう。内藤廣の名作である。

展示されているものは「海民」。科学としての海でもなく、航海としての海でもなく、レジャーとしての海でもなく、古来、海に生きてきた人々の生活と文化である。文化財に指定された木造船が大量に保存され、特に「海女」は鳥

羽の風土として主要なテーマとなっている。

しかしバブル期に建てられたもので、今日これだけの施設を維持するのは簡単ではあるまいと思われた。一九八〇年代のバブル経済はリゾートの地価高騰と軌を一にしていたが、その裏には日本各地に大規模な保養地を開発するという列島改造にも似た政府の方針があったことを忘れてはならない。特に伊勢湾は、国の指定地域というお墨付きもあって投資が集中した。

そしてバブルは弾けた。民間企業はボロボロになった。幹部は更迭され、社員はリストラされた。老後当てにしていた年金までが、年金保養基地（グリーンピア）などに放り込まれて返ってこないという。銀行は不良債権の山、これを救うために国民の税が投入される。さらに政府は、景気を刺激すると称して、必要もない公共事業を発注しつづけ、天文学的な財政赤字を積み上げた。

大屋根を支える力強い梁

つまりリゾート投資のバブルも、赤字公共事業のバブルも、結局のところ政治家や官僚が主導したのであり、彼らはその責任をまったくとっていない。そして今、社会保障にかこつけて増税を計ろうとするならその前に、議員と公務員の抜本的なコスト削減が不可欠である。事業仕分けはむしろ国民サービスを低下させる。贅肉《ぜいにく》の多い組織そのものに手をつけるべきだ。内藤廣の設計ではないが、最小不幸社会は最小コストでこそ実現すべきではないか。

伊勢、鳥羽、志摩、熊野は、海と山が溶け合った日本の神域である。バブルなどとは無縁の悠久の自然力に満ちている。この博物館はその地にふさわしい施設である。ぜひ有効活用してほしい。研究教育機関の併設や集客力のあるアトラクションなども一つの方法だろう。

海の博物館 JR参宮線、近鉄鳥羽線・鳥羽駅からバスで37分、タクシー20分。開館は9時～17時(入場は16時30分まで)。休館は6月26日～6月30日、12月26日～12月30日。入館料は大人・800円、小・中・高校生・400円。三重県鳥羽市浦村町大吉1731－68。問い合わせは同博物館TEL0599(32)6006。

内藤　廣［ないとう・ひろし］
1950(昭和25)年横浜市生まれ。東京大学名誉教授。76(昭和51)年早稲田大学大学院修了。フェルナンド・イゲーラス建築設計事務所、菊竹清訓建築設計事務所を経て、81年内藤廣建築設計事務所を設立。主な建築作品に、海の博物館、安曇野ちひろ美術館、牧野富太郎記念館、島根県芸術文化センター、日向市駅、高知駅、虎屋京都店などがある。

外回りもよくデザインされている

鯨の体内に入ったような展示棟B内部

旅の途中1

万葉集と伊勢神宮が伝えるもの

記号論の影響もあったのだろう。

建築の〝意味〟を探りたいと思った。

大学に赴任した当時よく行われていたアンケート調査や心理実験のような工学的な研究方法に疑問を感じた私は、読み継がれてきた文学に、人の心の奥に響く建築の意味が隠されているような気がした。それが「文学の中の建築」という研究に取り組む動機である。

大上段に『万葉集』から取りかかり、面白いことに気がついた。

この歌集には、仏教建築が登場しないのである。万葉には、「家、やど、宮、社、殿」などは多く登場するが、寺の歌がほとんどない。これはどうしたことか。飛鳥時代にはすでに法隆寺や興福寺が建てられ、奈良の都には東大寺をはじめ大規模な仏寺がいくつも聳《そび》え建ち、全国には国分寺、国分尼寺が建設され、日本列島は一大仏寺建設ブームであった。にもかかわらず、万葉は仏教建築を避けているのだ。

これについては津田左右吉も触れている。

「万葉には仏教もしくは仏教思想に関係があると思われる歌は極めて少なく、―中略―更に気のつくことは、あの宏壮な仏教の殿堂や、高く蒼空を凌《しの》いで聳え立つ幾重の卒塔婆や、もしくは、壁画や柱絵やその他の寺院の荘厳や、または華麗な法会が、毫《ごう》も万葉歌人の目に英じなかったことである」（『文学に現はれたる我が国民思想の研究』）

津田はそれ以上の追求を控えているが、建築屋の私はここで、伊勢神宮を想《おも》い起こした。

伊勢にはもともと小さな社があった。天皇家が神宮を祀《まつ》って現在のような形態に整えたのは、天武帝のときであり、持統帝のときが最初の遷宮であった。万葉の時代であり、仏教の時代である。

瓦葺《かわらぶ》き、朱塗り、基壇という中国から入ってきた仏教建築の持続力に対抗して、日本古来の神の道を象徴する、茅葺《かやぶ》き、素木《しらき》、掘立柱《ほったてばしら》という様式を永く存続させる工夫が、二十年ごとに建て替える遷宮というシステムを生んだ、と本欄に書いた。日本人は「再生」の儀礼によって「持続」の空間に応えようとしたのだ。また伊勢の遷宮が始まるとともに、それまで天皇が代わるたびに遷都を繰り返していた都が動かなくなる。遷宮は遷都の代替えでもあったようだ。つまりこの神宮は、仏寺と都市に対峙《たいじ》している。

そう考えたとき、伊勢と万葉は、似たような文化位置にあることが察せられる。

「春過ぎて夏来るらし白たへの衣乾したり天の香具山」（万葉集・巻一・二十八）

と詠んだ持統天皇は、天智帝の娘、天武帝の后《きさき》、文武帝の母であり、激動の時代を生き抜いた、政治感覚に優れた女帝であった。その膝元には二人の人物がいた。一人は藤原不比等、もう一人は柿本人麻呂である。鎌足の息子不比等は、律令を定めて政治を進める、すなわち文字によって日本国の基盤を固める要であった。しかし持統は、日本人の心に抵抗があることを知っていたのか、人麻呂を宮廷歌人として、皇子たちの挽歌《ばんか》や遷都にかかわる歌を詠ませるのだ。

白川静は「漢字には呪能がある」と言ったが、歌には、その文字に抵抗する呪術的な力があるような気がする。

万葉が伝える大自然の中の哀愁と、家族の別離に対する直情的な哀《かな》しみの表現は、大陸から伝えられた文字文明、都市文明に圧殺されようとする無文字文化の叫びではないか。

『万葉集』の最終的な編纂《へんさん》に当たった大伴家持は、名もない農民や防人《さきもり》の歌を大量に収録した。万葉時代とは、神官だった中臣という姓を変えて、仏教の側に立った藤原氏が権力を掌握する時代でもあり、「もののふ」の家系であった大伴氏は、政治の中枢から追われ、歌詠みの家系に転じざるをえなかった。「ますらおぶり」とは、文字文明に乗り切れない無骨なもののふの心なのだ。

『万葉集』と伊勢神宮は、文字以前の日本人の心を、その純粋と反骨を永く後世に残そうとする文学であり建築であるという意味で、日本文化の原点と断じていい。

建築と文学

13

鶴舞公園 噴水塔・奏楽堂

百年前の雲を偲ぶ

桜の森の満開の下を何度歩いたことだろう。今からちょうど百年前、天皇の暗殺を企てたとする大逆事件によって幸徳秋水が逮捕され、雑誌『白樺』が創刊され、韓国を併合した一九一〇（明治四十三）年、いわば文明開化によって列強の仲間入りをしようとする明治という時代が一応の区切りを迎えたころ、とある博覧会を期して、鶴舞公園はつくられた。日本人が坂の上の雲を追っていた時代である。

設計監修者は鈴木禎次という名の建築家であった。鈴木は、名古屋高等工業学校（現名古屋工業大学）建築科創設期の中心的な教授であり、明治から大正にかけて、いとう呉服店（現松坂屋）ビル、名古屋銀行（現在の名古屋銀行とは別）本店ビル、豊田喜一郎邸など、東海地方の洋風建築を一手に設計している。名工大建築学科同窓会では二〇〇九年、組織に勤める設計者の作品を顕彰する鈴木禎次賞を創設した。

鶴舞公園で、鈴木は特に噴水塔と奏楽堂の設計に力を入れた。この小建築を結ぶ線を主軸にフランス風の公園計画を採用し、そこに和風庭園を組み合わせる。噴水塔はローマ風のクラシックで、奏楽堂はルネサンス風にアール・ヌーヴォーが加わっている。つまりこの二つの瀟洒《しょうしゃ》な小建築は、古典主義とロマン主義の系譜を継ぐ、ヨーロッパ芸術思潮の二つの流れを表現しても

明治43年の博覧会に建設された原型のまま残る噴水塔

いる。私はこれが、本格的な建築にもまして、鈴木の傑作ではないかと考えている。

そしてもう一つ重要なエピソードは、鈴木が夏目漱石の義弟であったということだ。禎次夫人時子は、漱石夫人鏡子のすぐ下の妹で、親類嫌いの漱石が唯一心を許した縁者であった。

また漱石は、禎次の師に当たる明治建築界の法王的存在であった辰野金吾と、その息子でフランス文学者の辰野隆《ゆたか》とも縁が深い。そこに、明治大正の文学界・建築界において、夏目家、辰野家、鈴木家のトライアングルが残した足跡が見えてくるのだ。詳しくは中日新聞夕刊文化面の拙稿（二〇〇九年九月四日付）、および『漱石まちをゆく』（拙著・彰国社）を参照されたい。

長い間、文学の中に登場する建築記述の研究をしてきたが、逆に建築から文学上の発見をすることもある。花を見るのもいいが、時には建築を見て、坂の上の雲を追っていたころの日本人を偲《しの》ぶのもいいだろう。今の日本人は、足元の小石ばかり見ているのではないか。

鶴舞公園　噴水塔・奏楽堂

JR中央線・鶴舞駅、地下鉄鶴舞線・鶴舞駅からすぐ。名古屋市昭和区鶴舞1。問い合わせは緑化センターTEL052(733)8340。

鈴木禎次［すずき・ていじ］

1870〜1941　1870(明治3)年静岡市生まれ。96(明治29)年東京帝国大学工科大学(現東京大学工学部)卒。翌年三井銀行建築係に就任。名古屋高等工業学校(現名古屋工業大学)の建築科教授を経て、鈴木建築事務所を開設。旧名古屋銀行本店ビル、ミツカングループ本社・中央研究所などがある。

噴水塔と同時期に建てられ、後に復元された奏楽堂

銅板葺きドーム状屋根に装飾されたハープ

大理石でつくられたローマ様式の噴水塔

14

旧岡崎銀行本店

建築に浮かぶ女性のイメージ

幼いころに母を亡くした私は継母に育てられた。その継母も早めに他界してしまったのだが、建築学科の学生だった私は、彼女のように優しく美しく凛《りん》とした建築をつくろうと心に誓ったものだ。以後、設計をしているときにその継母の姿を思い浮かべることがある。

さて今回も、鈴木禎次である。鶴舞公園の噴水塔と奏楽堂を代表作としたが、あまたある本格的な建築の代表作として愛知県岡崎市にある旧岡崎銀行本店（岡崎信用金庫資料館、一九一七年）を選択した。

正面のグリーク・カラム（ギリシャ神殿風の柱）の扱いからルネサンス式とされるが、赤煉瓦《あかれんが》の外壁、コーナーを白い石で押さえ、屋根にドームや塔を配するのは、鈴木の師である辰野金吾の作風にも近く、明治から大正にかけて、わが国における洋風建築の典型でもあった。そしてこの建築は、立面のバランスがいい。正面の姿がいい。一言でいえば「華麗」である。その点において鈴木作品の秀逸であると思われる。

実は私はこの建築を前にして、ある女性の姿をイメージした。しかもそれは実在の人物と虚構の人物との融合なのだ。

鈴木夫人の時子が、夏目漱石夫人鏡子の妹であったことは先に述べたが、漱石の、特に前半期の小説に登場するヒロインには独得の性格が

花崗岩の造形と尖塔屋根

あり、美しく、気が強く、進歩的で、常に洋風の建築に置かれている。私は漱石の研究をしながら、そのモデルに義妹の時子を想定していた。そして近年、鈴木禎次のお孫さんとお会いする機会があり、時子は洋風でとても気が強く大変な美人であったと聞いて、仮説が現実味を帯びてきた。

旧岡崎銀行本店に私がイメージしたのは、この時子と『三四郎』に登場する美禰子の融合である。小説の中、池の前で三四郎が美禰子に逢《あ》うとき、その背後に赤煉瓦の洋風建築が見えるのだ。

それはもちろん私が、文学の中に登場する建築記述の研究をしていることによる勝手な想像であるが、鈴木が、精魂込めて設計する作品に美しい妻の姿を重ねることはあり得ることである。そしてもしかしたら無意識のうちに、すでに文名高かった義兄漱石の作品のヒロインのイメージを重ねたかもしれない。

美しい建築を見て、実在にしろ、虚構にしろ、そこに女性の姿を想像するのは、筆者の密《ひそ》やかな楽しみとなった。

旧岡崎銀行本店（岡崎信用金庫資料館）

名鉄本線・東岡崎駅から徒歩10分。名鉄バス・篭田公園前から徒歩2分。開館は10時～17時。休館は月曜、祝日、年末年始。愛知県岡崎市伝馬通1－58。問い合わせは同資料館 TEL0564（24）2367。

鈴木禎次 ［すずき・ていじ］

1870～1941　1870（明治3）年静岡市生まれ。96（明治29）年東京帝国大学工科大学（現東京大学工学部）卒。翌年三井銀行建築係に就任。名古屋高等工業学校（現名古屋工業大学）の建築科教授を経て、鈴木建築事務所を開設。旧名古屋銀行本店ビル、ミツカングループ本社・中央研究所などがある。

戦災後、復元された角形の尖塔屋根と箱型屋根

華やかな立面

15

藤村記念堂

夜は明けたのだが

小説『夜明け前』の舞台に建つ、島崎藤村の資料館を採り上げる。

「木曽路はすべて山の中…」という書き出しのとおり、馬籠から妻籠へと抜ける街道筋の、山々に挟まれた細い坂道は、今も伝統的な街並みが残されて、観光客でにぎわっている。

藤村は、詩人でもあり小説家でもあり、信州という土地と深く結びついているが、「まだあげ初めし前髪の…」にしても、「小諸なる古城のほとり…」にしても、詩人として描く信州には、ヨーロッパ・アルプスに似た爽《さわ》やかな高原のイメージがあり、『破戒』にしても、『家』にしても、小説家として描く信州には、古い因習にまみれ

た奥深い山村のイメージがある。もちろんこの小説も後者であり、街道筋でみやげ物を売る家々の奥には、夜が明ける前の黒々とした情念が眠っているようにも感じられる。

主人公青山半蔵は、藤村の父島崎正樹がモデルであり、馬籠の宿に代々つづいた本陣の家を振り捨てるようにして、尊皇攘夷の運動に奔走した。いわゆる「草莽《そうもう》の志士」である。黒船に誘発された危機感と狂気のような革命の熱気は、奥深い山村にも伝わってきた。半蔵（正樹）はその思想の炎に翻弄《ほんろう》され、身を焦がし、狂うように牢死《ろうし》する。維新は龍馬や西郷ばかりのものではなかったのだ。

藤村記念堂は、その奥深い山村のイメージをそのまま保っている。素朴な木組み、落ち着いた白壁、やや広い中庭と樹木、それを囲む回廊の土間と白い障子。昨今多く建てられる偉人の記念館とは違って、ここでは人物性と場所性を

「場所」に根ざした藤村記念堂

前に出し、建築家は一歩退いている。
谷口吉生の父親、谷口吉郎の設計である。

金沢の九谷焼の窯元の家に生まれ、四高から東京帝大に進み、ちょうど私が入学するときまで、東京工大で教《きょう》鞭《べん》を執っていた。名鉄の社長だった土川元夫とは四高の同級で、意気投合、博物館明治村の構想を実現させ、初代館長となる。建築の残りにくい日本において、これは立派な事業であった。

文章もうまい。ベルリン滞在中のことを書いた『雪あかり日記』がいい。文学者の碑を多く残しており、文人的建築家ともいえる。ある建築雑誌の編集長から、筆者にもその遺伝子が伝わっているのではといわれ、ハッとしたことがある。

たしかに夜は明けたのだろう。しかし本当に明るい日が訪れたかどうかは、また別の問題である。昨今の政治家たちを見ていると、幕末の志士たちがこじ開けた夜の帳《とばり》を、再び降ろそうとしているような気もするのだ。

藤村記念館

JR中央本線・中津川駅から北恵那バス・馬籠から徒歩10分。開館は4〜11月は8時30分〜17時(入場は16時45分まで)、12〜3月は9時〜16時(入場は15時45分まで)。休館は12月第2火曜、水曜、木曜日。入館料は高校生以上・500円、小・中学生・250円。岐阜県中津川市馬籠4256−1。問い合わせは同記念館 0573(69)2047。

谷口吉郎 [たにぐち・よしろう]

1904−1979　昭和期に活躍した建築家。1904(明治37)年金沢市生まれ。東京帝国大学(現東京大学)建築学科卒。東京工業大学で後進を指導。日本の伝統的な様式を継承した近代建築を数多く手がけた。主な作品に東宮御所、東京国立博物館東洋館、帝国劇場(ともに東京)などがある。建築家・谷口吉生は子息。

本陣の礎石、蔵の跡が偲ばれる中庭からみた記念堂（奥は民家）と土塀（右）

冠木門をくぐり土塀に沿って記念堂入り口へ

白壁と土間と白い障子の記念館

16 白川郷

合掌造りの「奥深さ」

世界遺産に指定されて観光客が急増したが、かつては山懐に抱かれた奥深い集落のイメージがあり、雪の中に同じ方を向いて建つ、厚い茅《かや》葺《ぶ》きの大屋根群は、そこに生きる人々の孤立と連帯と生命力を感じさせた。

日本の木造建築は、梁《はり》の上に束《つか》を立てそこに架け渡した垂木という斜材で屋根を支えるのが普通だが、合掌造りは、梁(桁《けた》)の上の両側から長い木材を高い勾配《こうばい》で建て、中央で掌《てのひら》を合わせたようにして安定をとる。縄を使って、組むというより結ぶあるいは編むという接合法だ。多くの家はその高い屋根裏を二層から四層に分けて蚕を飼う。つまり合掌造りという建築様式と養蚕業という生産機能とが結びついているのである。

その高い暗い屋根裏に上って感じたことは、そこが人間のものではないことによる神秘的な奥深さであった。この多層空間は蚕のものであり、人間の生活は下階に限定されていて、だからこそ独特の温《ぬく》もりと厚みが感じられる。家の中に「異界」つまり人間の力が及ばない世界があり、その異界と俗界の接触によって生業《なりわい》が成り立ち、生活が成り立っているのだ。

気がついた人は少ないと思われるが、川端康成の小説『雪国』に、芸者駒子が住む「お師匠さんの家」として、この空間のイメージが描かれている。

雪に浮かぶ白川郷合掌造り集落

「『お蚕さまの部屋だったのよ。驚いたでしょう－中略－頭の上は屋根裏がまる出しで、窓の方へ低まって来ているものだから、黒い寂しさがかぶさったようであった。－中略－蚕のように駒子も透明な体でここに住んでいるかと思われた。」

越後湯沢が舞台であるから、白川郷とはだいぶ離れているが、東京から訪れた主人公が感じたものも、「梯子《はしご》を上り、宙に浮いたような」空間の奥深さではなかったろうか。川端は「黒い寂しさがかぶさったような屋根裏」を「暗く、寒く、古びて」はいても「いかにも清潔」な美しいものとして描いている。それが彼にとっての〝雪国〟なのだ。この作家は、日本という国の津々浦々の、哀切なほどに奥深い、亡《ほろ》びゆく美を書きつづった。

今の建築にはその奥深さが感じられない。

情報の時代である。あらゆる空間が、膨大な量の情報に晒《さら》され、奥深さを失い、平板化されてしまう。液晶画面が世界の隅々を映し出すと同時に、現実世界が液晶画面のように表面化する。

観光客が増えるのは悪いことではない。しかしそれによって失われるものがあるとすれば、それはその空間の神秘的な奥深さというものではないか。

白川郷

名古屋駅・名鉄バスセンターから岐阜バス観光・高速バスで3時間10分。問い合わせは白川郷観光協会 TEL05769(6)1013。

総出で葺き替え作業をする地域住民

縄で結束された部材が見える屋根裏部屋

17

森鷗外・夏目漱石住宅

文豪を生む家の魔力

どのような魔力を潜ませていたのだろう。その家は今、明治村のこんもりとした森の中に隠れている。

一九〇三（明治三十六）年、ロンドンで精神を病んだ夏目漱石は敗残兵のように帰国し、東京は千駄木に知人の家を借りて住んだ。とりあえず英語講師として暮らす鬱屈《うっくつ》の中、親友の子規が遺《のこ》した雑誌「ホトトギス」の編集をやっていた高浜虚子に頼まれ、軽い時勢批判文の筆を執る。本人は気晴らしのつもり、たまたまこの家に迷い込んだ子猫の視点を借りたところがミソであった。

題して「吾輩《わがはい》は猫である」。

これが受けた。猛烈に受けた。連載をつづけざるをえない。作家の誕生である。折からの日露戦争、二〇三高地が死屍《しし》累々となり、日本海がバルチック艦隊の残骸で埋まるころ、英語学者のベールを脱ぎ捨てて、一人の小説家が姿を現す。日本文学史上空前の巨峰であった。

くしくもこの千駄木の家は、持ち主が医者だったこともあり、かつて森鷗外が住んだことがある。いわば文学の記憶をもつ家である。そこにどのような魔力を潜ませていたのであろうか。

ごく普通の木造住宅であるが、煤煙《ばいえん》のひどかったロンドンで石と煉瓦《れんが》に囲まれていた漱石には、その細く軽い木組みがうれしかったようだ。「引窓をからりと空の明けやすき」と詠んでいる。座敷がすべて南面し、医者の家らしく衛生的で合理的な家でもある。

それにしても人生とは分からないものだ。漱石夏目金之助は、学生時代から精神上の悩みを

当時の典型的な中産階級の住宅

抱き、最初の就職先である松山中学にも適応できず、結婚生活も順調ではなく、ロンドンでは惨憺《さんたん》たるありさま、四十に近い年齢で、かろうじて英語の講師として食いつないでいた。落ちこぼれといっても過言ではない。

千駄木の家に紛れ込んだ子猫は、今にも崩れ落ちようとする中年男の前に大きな視野を開いた。文字で築く建築、小説という都市。漱石の思念は堰《せき》を切ったように言葉の奔流となってあふれ出る。以後、死に至る十年あまりのあいだに、近代日本人の深い共感をえる多様な文学空間を築き上げたのだ。

明治村の中ではもっとも人目を引かない建築であり、文学を好む人にはもっとも意義深い建築である。私も何度か訪れ、二回テレビ番組の収録をした。合計滞在時間はかなり長い。文学的魔力が乗り移ってくれるのを期待していたが、猫を連れて行くのを忘れていた。

森鷗外・夏目漱石住宅(博物館明治村) 名鉄犬山線・名鉄犬山駅からバスで20分。明治村開村時間は9時30分～17時(8月は10時から。11～2月は16時まで)。休村日は12月31日、12～2月の毎週月曜日(祝日、正月期間は開村)。入村料は大人・1600円、65歳以上・1200円、高校生・1000円、小・中学生600円。愛知県犬山市内山1。問い合わせは明治村TEL0568(67)0314。

玄関右脇にある8畳ほどの台所。右奥には浴室が

玄関から6畳間、8畳間へと続く

漱石がよく寝ころんでいた座敷

18 西郷従道邸

薩摩とフランス

明治村。鷗外と漱石が住んだ千駄木の家に近い丘の上に、美しい総二階建ての洋館が、周囲の和風建築を睥睨《へいげい》するように建っている。

細い柱に支えられた二階のバルコニーが特徴で、外から見上げれば今にも美しい貴婦人が立ち現れるかのよう。中に入ればロココからヌーヴォーへとつながる十九世紀フランスのブルジョア生活を垣間見る思いがする。英国から来たコンドルを師とした明治日本の建築家はイギリス風の設計になることが多いが、これを設計したのは、フランス人建築家レスカスであった。曲線装飾の多い見事な家具調度の多くは鹿鳴館や赤坂離宮で使用されたものだが、ゴテゴテした感じはなく、細く、軽く、優雅。これだけの室内をもつ洋風建築はそうは見当たらない。

私は漱石の小説『虞美人草《ぐびじんそう》』を想《おも》い起こした。甲野藤尾というヒロインはクレオパトラにも比肩される美女で、この小説では、甲野家のフランス風の書斎が富貴と権勢の象徴となっている

のだ。千駄木の家に近いのも何かの縁だろうか。

東京の目黒から移築されたこの優美な住宅が、あの西郷隆盛の弟、西郷従道《つぐみち》の家（主に接客用）であったという。

従道は、兄隆盛を慕っていたが、西南戦争には参加せず、陸軍卿代行として明治政府を支えつづけた。この戦争が氏族的なものでなく思想的なものであったことがうかがわれる。それは軍隊とサムライの戦いであり、文明と精神の戦いであった。田原坂で大敗した薩軍が逃げ籠《こ》もった城山に、雨霰《あめあられ》と弾丸を撃ち込んだ官軍は、西郷というカリスマが怖

木造二階建て銅板葺きの洋館

かったのだろう。「文明」が「精神」を恐れたのだ。

　温厚な性格の従道はその後、大山巌や山本権兵衛などとともに薩摩軍人閥の重鎮として、内務大臣、海軍大臣を務め、首相に推されても兄のことがあって辞退していたという。それにしても、これほど華麗な洋館に住んでいたとは…。木訥《ぼくとつ》たる薩摩軍人のイメージ修正を迫られる。隆盛は「家屋を飾り、衣服を文《かざ》り、美妾を抱え、蓄財を謀り」(『西郷南洲遺訓』)といったことを激しく批判し、西洋に追従することを拒絶したのであるから、善悪は別にして、まさに対照的な道を歩んだといえよう。

　維新最大の功臣でありながら逆賊となって果てた兄と、明治政府の中で栄達を極めた弟。これも運命というものか。もちろん、日本人の心に残る英雄は圧倒的に前者である。

　司馬遼太郎さんは「この時代の薩摩は日本の中の外国であった」と書いている。それほどの距離感と風土的特異性があったのだ。

　その鹿児島に新幹線が走る。またひとつ、日本文化の均質化が進むのであろうか。

西郷従道邸(博物館明治村) 名鉄犬山線・名鉄犬山駅からバスで20分。明治村開村時間は9時30分～17時(8月は10時から。11～2月は16時まで)。休村日は12月31日、12～2月の毎週月曜日(祝日、正月期間は開村)。入村料は大人・1600円、65歳以上・1200円、高校生・1000円、小・中学生600円。愛知県犬山市内山1。問い合わせは明治村 TEL0568(67)0314。

レスカス
明治初期に活躍したフランス人建築家。1871(明治4)年に来日し、横浜に建築事務所を開設。代表作にニコライ邸や西郷従道邸(愛知・明治村)などがある。

半円形に張り出された上下階のバルコニー

窓上のカーテンボックス、手すり、扉金具など舶来品が使われた

19

帝国ホテル中央玄関

夢か悪夢か

明治村に帝国ホテルの一部が移築されたのは、ちょうど私が東京の設計事務所から名古屋工業大に赴任してすぐであった。正面から中に入って、「こんなにきれいだったのか」という第一印象。と同時に、中央玄関とはいえ一部であるから「あの壮観さは感じられない」というのが第二印象。

というのも、その二十年近く前、大学に入ってすぐ、熱心なファンの友人とともにフランク・ロイド・ライト晩年の傑作を観《み》にいったのだ。ライトらしく、高さを抑えてシンメトリーに展開された正面外観が壮観ではあったが、すでに大谷石の外壁が相当に汚れてきれいという印象ではなかったからである。犬山での再会は、期

せずしてホテル建設時の姿に出合ったことになる。

大学院から事務所時代は、母を早く失った私をかわいがってくれた叔母の篠田桃紅と一緒にいくことが多かった。食堂で、晩年このホテルに住んでいたオペラ歌手の藤原義江に会ったこともある。叔母は「このホテルに似合う日本人は芥川龍之介ぐらいといったもの」と言う。あとで知ったのだが、たしかに芥川の遺作『歯車』はこのホテルを舞台にしている。常連だったのだろう。

叔母は、日本よりも米国で先に認められた墨象の美術家で、今でも国際的な評価が高く建築家との交友も幅広い。滞米中に、ワルター・グロピウスやミース・ファン・デル・ローエとは知りあったが、ついにライトとは会う機会がなかった（ちなみにこの三人は、ル・コルビュジエと並んで、近代建築の巨匠と呼ばれる）。それでも、友人の若い日本人建築家が、ニューヨー

帝国ホテル中央玄関

クのグッゲンハイム美術館の工事現場を見学にいって、黒いマントを着てひょうひょうと歩いている人物に出会い「もしかするとあなたはフランク・ロイド・ライトさんじゃないですか」と訪ねたところ「パハップス・ソウ（多分そうでしょう）」と応えた、実にしゃれているではないか、と言う。

ライト晩年の傑作が、この日本に実現したのは夢のような話である。その建築がたった四十年ほどで取り壊されるというのは悪夢のような話である。

この国ではリアルな建築でさえ、それも世界的な名建築でさえ、あっさりと消え去るのだ。アニメやゲームには強いが、日本文化はもともとバーチャル（仮想的）な性格をもっているのかもしれない。すべてが儚《はかな》いのだ。

歴代首相が短命であるのもそれと関係があるのだろうか。

帝国ホテル中央玄関（博物館明治村） 名鉄犬山線・名鉄犬山駅からバスで20分。明治村開村時間は9時30分～17時（8月は10時から。11～2月は16時まで）。休村日は12月31日、12～2月の毎週月曜日（祝日、正月期間は開村）。入村料は大人・1600円、65歳以上・1200円、高校生・1000円、小・中学生600円。愛知県犬山市内山1。問い合わせは明治村 TEL 0568(67)0314。

フランク・ロイド・ライト

1867－1959 アメリカの建築家。1887年サリヴァンの設計事務所に入所、93年独立。代表作にカウフマン邸（落水荘）など住宅建築をはじめ、グッケンハイム美術館など名建築を残した。親日家で、旧帝国ホテル（愛知・明治村に玄関部分のみ移築）、旧山邑邸（現ヨドコウ迎賓館・兵庫）、旧林愛作邸（現電通八星苑・東京）、自由学園明日館（東京）を手がけた。

透かしテラコッタで装飾された壁面

中央玄関前の大谷石の彫刻

大谷石と透かしテラコッタで装飾されたメーンロビー吹き抜け

漱石の義弟とその夫人

東京の設計事務所で十年間勤めたあと、名古屋工業大学（名工大）に助教授として赴任した。設計ができる若い教官を探していたのだ。

私に与えられた研究室の窓前には「プロフェッサー・スズキの功績を記念して」と英語で書かれたイオニア式の双柱が建っていた。鈴木禎次は、明治建築界をリードした辰野金吾の弟子に当たり、東京帝国大学（現東京大学）を出たあと、名古屋高等工業学校建築科創設期の中心的な教授となって、いとう呉服店（現松坂屋）ビル、名古屋銀行（現在の名古屋銀行とは別）本店ビルなど、中部地方の洋風建築を一手に設計し、この地域の辰野のような立場となった。大学の前の鶴舞公園にある噴水塔と奏楽堂も鈴木の設計で、通勤のときにいやでも眼《め》に入る。

教授になってから私は、名工大の設計教育責任者として、鈴木の何代かあとの後継者といった立場についたのだが、この鈴木は夏目漱石の義弟でもあった。

文学の中に登場する建築の研究を始めた経緯はすでに書いたとおり。万葉から始め、古代、中世、近世ときて、近代文学では夏目漱石に力を入れ一冊の本を出した。漱石が実人生で体験した建築と、その作品の中に登場する建築とを、フィードバックさせながら追ったものだ。彼は学生時代、建築家になろうとしたことがあり、美術方面にも造詣が深く、作品の中に建築がよく描かれているのである。

特に前半期の小説では、登場人物の性格と、その人物が置かれている建築に一定のパターンがある。『坊っちゃん』のマドンナ、『虞美人草《ぐびじんそう》』の藤尾、『三四郎』の美禰子など、美しくも驕慢《きょうまん》なヒロインが登場し、彼女らは決まって豪壮な洋風建築に置かれている。これに対峙《たいじ》するように、『吾輩《わがはい》は猫である』の苦沙味、『草枕』の余、『三四郎』の広田といった壮年の知識人が登場するが、彼らは決まって古臭い和風の建築に置かれている。年若い主人公は、その二つの空間の間で思い迷うのだ。

洋風建築は、時の権力の側にある。和風建築は、どちらかといえば反権力の側にあり、陶淵明《とうえんめい》が隠棲して酒を飲み詩をつくり暮した空間につながる。これは南画的世界と呼ばれ、漱石の批評で知られる江藤淳は「作家の最も内奥の隠れ家」としている。漱石は若いころからの淵明ファンであった。

研究の過程で私は、この美しくも驕慢なヒロインに、何となくモデルがいるような気がした。それが漱石夫人鏡子の妹、鈴木禎次の妻、時子である。

漱石は見合い結婚であった。相手は内閣書記官長中根重一の娘で、見合いは虎ノ門の洋風官舎で行われた。のちに出版された夫人の回顧録によれば、そうとうの豪邸で、一介の田舎教師だった漱石は圧倒されたであろうことが読みとれる。またここで漱石は、二人の娘と合っている。姉の鏡子と、妹の時子であり、時子は漱石の顔にアバタがあるのを見て笑い、周囲にたしなめられたという。

結局、漱石は鏡子と結婚し、時子は建築家鈴木禎次と結婚する。

当然、漱石にとって時子のイメージは常に洋風建築とともにある。つまり漱石と私の頭の中で、洋風建築を媒介にして、美しくも驕慢なヒロインと、鈴木禎次夫人とが結びつくのは自然なことなのだ。

私は名工大を退職するとき、その同窓会に、組織に勤める建築家を奨励する主旨の「鈴木禎次賞」を発案して、創設された。その際、東京新聞に掲載された記事を見た鈴木禎次のお孫さんから寄付協力の連絡があり、早速お会いしてお話をうかがったところ、時子は大変な美人で、洋風で、進歩的で、気の強い女性であり、大学では威厳のあった鈴木禎次も家の中では尻に敷かれていたという。それに比べて姉の鏡子は、和風の控えめな性格であったという。

そういえば、『坊っちゃん』には清（漱石は夫人をキョウと呼んでいた）、『虞美人草』には小夜子、『三四郎』にはよし子という、和風で控えめな女性も登場する。主人公は美しくも驕慢なヒロインに惹《ひ》かれながらも、むしろその和風の女性の側に立っているのだ。

本欄でも触れているが、私の頭の中でぼんやりとしていたモデル像が現実味を帯びてきた。

漱石の作品は男女関係を基本に展開され、特に後半の小説には道ならぬ恋が描かれているので、文芸評論家は隠れた恋人を探すのにかまびすしく、江藤淳の兄嫁登勢説は大きな脚光を浴びた。私は、母校の教授でもあり処女作出版の世話にもなったこの批評家を高く評価しているが、この説にはやや賛同しかねる。

鏡子と時子は仲の良い姉妹でしょっちゅう行き来し、親戚嫌いでとおっていた漱石もこの鈴木夫妻とだけは親交が厚かった。もちろん時子を隠れた恋人とは言えないが、漱石の心に何らかの作用を及ぼし、それが作品にも反映されていることは考えられることではないか。

金吾の子息でフランス文学者の辰野隆《ゆたか》は漱石の影響を深く受けた。修善寺大患のあと、漱石の胃病が死に至るまで悪化したのは、隆の結婚式で豆を食べ過ぎたことが原因だともいわれている。当然、金吾とも面識があった。

辰野家、夏目家、鈴木家の関係をつうじて、明治から大正にかけての建築界と文学界に一つの環《わ》があることを感じないではいられない。

ひょっとすると、私が文学の中の建築を研究するようになったのも、プロフェッサー・スズキの記念柱の力が作用したのかもしれない。

洋風・和風・モダン

20

旧開智学校

大工たちの洋風

松本は、大きすぎもせず、小さすぎもせず、都会のようでもなく、田舎のようでもなく、風光は明媚《めいび》で、食べ物は美味《うま》い。いい街である。

松本駅から、風情ある蕎麦《そば》屋などが見られる伝統的な街並みを抜けて北に向かい、松本城を過ぎてやや街外れに、ポツンと、白い壁の瀟洒《しょうしゃ》な洋風建築が建つ。病院とも、ホテルとも、教会とも、寺院ともとれるが、学校である。外壁は漆喰《しっくい》、屋根は瓦葺《かわらぶ》き、見上げれば、エンジェルや龍をあしらった、カラフルで力強い彫刻に眼を奪われる。

一八七六（明治九）年、大工棟梁立石清重の設計になる旧開智学校である。現在に残る初期木造洋風建築の白眉と言っていい。内部には明治から現代に至るまでの教育関係資料が展示されている。

江戸から明治へと変わって、日本人は即座に洋風建築を建てようとした。しかしまだ本格的な建築家は育っていない。三つの取り組み方があった。まず、トラス構造（三角形を基本とする力学的軸組）や煉瓦造《れんがづくり》といった技術を取り入れることで、島津家の尚古集成館、富岡製糸場などがその例である。二番目は、外国人に設計を依頼することであり、これがウォートルスからコンドルにつながるラインである。三番目は、大工がその伝統の技術によって洋風らしきもの

玄関ポーチの龍、バルコニーの雲や天使と見事な彫刻

開智学校

に挑戦することで、これは建築史学において「擬洋風建築」と呼ばれている。

しかし「擬」とはいうものの、江戸時代までに成熟した日本の木造技術は世界に冠たる水準であった。それを真剣に洋風適用した建築は、日本の大工ならではの名作が多いのだ。開智学校の彫刻には、東照宮を飾った左甚五郎もかくやと思わせる風格がある。

しかし学校が洋風になるということは、日本という国の知の基準がヨーロッパに置かれることを意味した。大学で洋風の建築を学んだ者が建築家と呼ばれ、大工は単なる職人とされていく。学術において外来を正統と位置づける日本人の心性は、本居宣長が漢学に対するそれを「からごころ」と指摘したもので、それは現在の日本にも残っている。

近代につながる西欧の学問が学校の正統となって以来、漢学は日本に近い東洋学という扱いとなったが、ヨーロッパの力が凋落《ちょうらく》し中国の力が台頭している今日、こういった文化の構造も変化せざるをえないのではないか。

時代の転変は早い。松本の蕎麦は旨《うま》い。

旧開智学校　JR篠ノ井線・松本駅から徒歩25分。バス路線有。開館は9時〜17時（入館は16時30分まで）。休館は12月29日〜1月3日、12〜2月の月曜日。3〜11月の第3月曜日（祝日は開館）。入館料は大人300円、小・中学生・150円。長野県松本市開智2−4−12。問い合わせは同博物館TEL0263(32)5725。

立石清重［たていし・せいじゅう］

1829−1894　江戸末期から明治期に活躍した旧松本藩出入りの大工棟梁。1829（文政12）松本市生まれ。76（明治9）開智学校を建築。擬洋風の建築で1961（昭和36）年重要文化財に指定。松本地方裁判所、長野県議会議事堂を残した。

八角塔内部は円形欄間に色ガラスがはめられ、時報用の鐘が吊られている(通常は非公開)

明治後期の机、ノート代わりの石盤などを展示する講堂

21

六華苑・諸戸家住宅洋館

山林王の夢と建築家の愁い

最近亡くなった学生時代からの親友Y君が修復工事の総括責任者だったのでこの建築には思いが深い。国の重要文化財となった。

諸戸家は日本一の山林王、その資産は計算ができないほどといわれ、閨閥《けいばつ》も華麗で幅広い。明治の末に、初代清六が二代目の新居として、設計をジョサイア・コンドルに依頼し一九一三（大正二）年に竣工《しゅんこう》した。東京の岩崎邸に匹敵する豪邸であるが、清六と岩崎とのつきあいから三菱の顧問であったコンドルに依頼したとされる。

桑名の海岸に近い松林に囲まれた風光明媚《めいび》な敷地は、東海地区の保養的な住宅地であった。ヴィクトリア調の瀟洒《しょうしゃ》な木造の洋館。ガラスを多用して明るくつくられているのは、やはりモダニズムに向かう時代性を感じさせる。二階建てではあるが、海を望む四階の望楼があり、手すりをなでるようにして階段を上れば「古き良き時代」という言葉が浮かぶ。隣に建つ和館とその前の庭とあわせ、これだけの豪邸はなかなか見当たらない。山林王の夢の結晶といえよう。

一方コンドルは、イギリスでもトップクラスの建築家として期待された俊才であったが、明治政府の招聘《しょうへい》に応じて来日、工部大学校（東京大学工学部の前身）で教鞭《きょうべん》を執ったあとも日本に残って設計者として活躍した。博物館（東京国立博物館旧本館）、鹿鳴館、岩崎邸などが代表作で、東京駅を設計した辰野金吾はその弟子、鈴木禎次はその孫弟子に当たる。

和洋の様式が調和した諸戸邸

博物館も、鹿鳴館も、国家の権威を発揚するのが主な目的であったから、政府がコンドルに望んだものは、勇壮なグリーク・カラム（ギリシャ風円柱）のついた古典主義様式であったろうが、コンドル自身はそれを嫌って、インドやイスラムにも近い、東洋風の建築をつくろうとした。

当時の英国の新進建築家たちには、古典主義様式と帝国主義権力との結びつきに対する反発があり、それが東洋趣味に向かわせたようだ。少しあと、世紀末のウィリアム・モリスにもそれがあり、またコンドルの影響下で建築家を目指したことのある夏目漱石も、ロンドン時代にモリスとその仲間のラファエロ前派に共感し、作品にもそういった傾向が現れている。（詳しくは拙著『漱石まちをゆく』彰国社刊参照）

そこに共通する心情は、権力に対する反発とともに、「文明への愁い」ではないか。

日本文化に造詣の深かったコンドルの設計には、女性的な優しさと華やかさがある。

山林王の夢と建築家の愁いが切り結ぶ。

六華苑・諸戸家住宅洋館

JR関西本線、近鉄名古屋線・桑名駅から徒歩20分。三重交通バス・田町から徒歩10分。開苑9時～17時（入苑は16時まで）。休苑は月曜日（祝日は開苑）。入苑料は一般300円、中学生100円。三重県桑名市大字桑名663－5。問い合わせは同苑 TEL0594（24）4466。

ジョサイア・コンドル

1852－1920　イギリスの建築家。ロンドン大学などで学び、1877（明治10）年日本政府の招聘で来日。工部大学校（現東京大学工学部）で教え、辰野金吾をはじめ多くの建築家を育てた。鹿鳴館（取り壊し）、旧岩崎邸（東京）などを手がけた。日本人と結婚、河鍋暁斎に入門するなど日本を愛し、日本でその生涯を閉じた。

タイルが張られた一階テラス

白い窓枠が女性的な四階建ての望楼

明るくゆったりとしたサンルーム

真紅のじゅうたんと白い天井の客室

22 ヴォーリズ建築

洋風からモダンへのミッション

小さいころ、母（継母）はけがをすれば赤チンを塗り、虫に刺されればメンソレータムを塗ってくれた。チャーミングな女性看護師（私はそれをナイチンゲールと思っていた）がプリントされた小さな円形のカンを開けると、ハッカのような匂いがして、不思議な安心感に包まれたものだ。そのカンに「近江兄弟社」と書いてあるのを見て、妙な名だと思っていたが、それは日本でも特筆すべき外国人建築家がつくった会社であった。

ウィリアム・メレル・ヴォーリズ。アメリカのカンザスで生まれ、建築家を志望したが、諸般の事情で外国への伝道を決意し、一九〇五（明

治三十八）年、二十四歳で滋賀県立商業学校の英語教師として来日した。数年後、京都に設計事務所を設立して建築家としての活動を始める一方、結核療養所「近江サナトリアム」を開設。また伝道団体として設立した「近江ミッション」を「近江兄弟社」（ミッションも兄弟もキリスト教的な用語法）と改称して、メンソレータムを販売する。やがて子爵の娘である一柳満喜子と結婚し、敗戦時にはマッカーサーと近衛文麿との仲介をとったともいわれている。

さまざまな側面をもつ人物であるが、すべて伝道者としての人道的使命感にもとづいている。しかし私は彼の建築家としての業績を評価したい。教会と学校に作品が多く、特に、全国の日本基督教団の教会、関西学院大学、神戸女学院大学の建築はほとんど彼の設計になる。様式は多様であるが決して華美ではなく、かといって教条的にシンプルというわけでもない。日本の

近江兄弟社学園ハイド記念館

環境に調和して好ましいのだ。今見ればロマンティックな郷愁を感じる。

明治のコンドル（諸戸邸）は日本に洋風建築をもたらし、昭和のレーモンド（南山大）はモダンと和風を融合させた。その間にあって、大正のヴォーリズは洋風からモダンへの橋を渡したのである。

この時代の日本において、モダニズムとキリスト教は、封建的因習の軛《くびき》を離れて民主的合理主義を進めるという点で、見事な融合を示した。啓蒙《けいもう》といっていいであろうか、教育に重点をおき、進歩的で独立心の強い学生、特に女性を育てた。私の母たち（生母と継母）もその世代だ。

近江八幡は四方を山に囲まれた、関白となりながらも悲劇的な最期を迎えた豊臣秀次が築いた、趣のある城下町である。英語の教師としてたまたま訪れたアメリカの伝道師が街を変えた。供養されなかった秀次の怨念がキリスト教によって慰撫されたような気もする。不思議なことが起きるものだ。

旧近江サナトリアム礼拝堂

ヴォーリズ建築

近江八幡市内を中心にヴォーリズ設計の建築を見ることができる。旧近江サナトリアム礼拝堂（ヴォーリズ記念病院礼拝堂）はJR東海道本線・近江八幡駅からタクシーで8分。

ウィリアム・メレル・ヴォーリズ

1880－1964　1905（明治38）年英語教師として来日。伝道のかたわら、数多くの西洋建築を残した。一方、近江療養院の開設、教育、文化事業など活動は多岐にわたった。明治学院大学礼拝堂、軽井沢ユニオン教会（長野）、神戸女学院（兵庫）、大丸心斎橋店（大阪）などを手がけた。大戦後日本に帰化。

近江兄弟社学園教育会館

明治学院大学礼拝堂の内部

23

旧川上貞奴邸

世界を魅了する芸

マレーネ・ディートリッヒ、グレタ・ガルボ、オードリー・ヘップバーンといった歴史的な女優が日本に何人いただろうか。山田五十鈴、杉村春子、吉永小百合といった名が思い浮かぶ。しかし映画以前の時代を含めれば、何と言っても川上貞奴であろう。

踊りのうまい芸妓であった。伊藤博文や西園寺公望から贔屓《ひいき》にされ日本一の名妓と呼ばれたが、オッペケペー節（演歌の始まりとも言われる）で知られる壮士芝居の川上音二郎と結婚する。音二郎とともにアメリカに渡り、倒れた女形に代わって公演、その美貌と演技と日本舞踊の優雅さが大当たりした。万国博覧会が開かれていたフランスに渡っても評判を呼び、ピカソもミューラーも貞奴を描き、ロダンはモデルにと懇願した。大統領にも招かれマダム貞奴はパリの名士となる。和服と踊りとその挙措の優雅な組み合わせに加

えて会話の妙を心得た芸妓は、むしろ映画スターなどとは比べものにならない全人格的な魅力を発揮したであろう。日本女性と伝統芸の、美と力が、東洋的エキゾティシズムとして欧米の地に開花したのである。

音二郎が病死したあと、若い時の知り合いであった福沢桃介に再会して、夫婦同然の生活を送る。この桃介という人物は、幼少のころから神童と言われ、福沢諭吉にその才を見込まれ、次女の婿として養子となり、事業家となった。現在の中部電力、関西電力、大同特殊鋼といった企業の前身を創設して一種の財閥を築いたのである。

その二人が住んだ家が、名古屋市「文化のみち二葉館」となっている。

大正期の住宅は生活改善運動と結びついて「便利な」という意味での機能主義モダンに進んだのであるが、そこにアメリカ風

移築・復元され川上貞奴の資料を展示する旧川上貞奴邸

の住宅販業として登場したのが「あめりか屋」という会社で、この貞奴邸は、そのあめりか屋の設計と施工による。

電力事業家であった桃介は、その効用を宣伝すべく、この家に電気を多用して、明るく合理的なものとして設計させた。いわば電気生活のショールームである。インテリアには、当時アメリカで流行していたフランク・ロイド・ライト風のつくりつけ家具と、ティファニー風のステンドグラスが用いられている。

外観は、屋根の形に圧倒的な特徴があり、斬新かつ奇抜。二葉御殿（現在より少し北の東二葉町にあった）と呼ばれたのは、豪華さよりもそのデザインの大胆さが名古屋っ子の肝を抜いたのではないか。

建築の文化的魅力は、その姿形と、そこに住んだ人間の精神が一致したときに生まれるものだろう。明治から昭和という激動と発展の時代を、猛スピードで駆け抜けた女と男の一大ロマンである。少し妬《や》ける。

旧川上貞奴邸（文化のみち二葉館 名古屋市旧川上貞奴邸）

地下鉄桜通線・高岳駅から徒歩10分。開館は10時～17時。休館は月曜日（祝日は開館）、12月29日～1月3日。入館料は大人200円、中学生以下は無料。名古屋市東区橦木町3－23。問い合わせは同館 TEL 052(936)3836。

一階大広間に設けられた階段

造り付けソファ、床の一部は当時の材料を使って復元

杉浦非水の原画をもとにつくられたステンドグラス

24

名古屋市市政資料館

裁判所のバロック

中部地方でもっとも華やかな洋風建築といっていいかもしれない。外観は煉瓦《れんが》の赤と花崗岩の白と銅板の緑が美しい。内部は中央階段室の列柱とステンドグラスが見事だ。

裁判所であった。

設計は大正期の司法省（担当・山下啓次郎、金刺《かなさし》森太郎）である。当時の官庁営繕（建築担当部局）がそうとうの力をもっていたことの現れであるが、特に司法省は、逓信省と並ぶ営繕の強い省庁で、現在でも法務省は、裁判所や刑務所の設計を自前で行っている。山下啓次郎（ジャズピアニスト山下洋輔の祖父）は、監獄の設計者として知られていた。この時代の裁判所や

監獄が、国家の権威としての意匠にも、また人間を収容し管理する機能にも、潤沢な予算を使える存在であったことは注目に値する。

様式的にはネオバロックとされる。一九二二（大正十一）年の竣工。すでに様式を離れた機能主義モダニズムの足音も、また昭和ファシズムによる国粋主義の足音も近づいており、このあとは、こういった華やかな洋風建築を設計することが難しくなっていく。

さてバロックとは、「歪《ゆが》んだ真珠」という言葉から来ており、「浮ついた」という意味もある。建築では、十六〜十八世紀ヨーロッパの、変化と装飾に富んだ様式を指す。イオニア式やコリント式の柱頭、柱と屋根のあいだのエンタブラチャーと呼ばれる部分など、ギリシャ神殿の様式が断片的な装飾として用いられた。大航海を通じてヨーロッパの力が世界に広がった時代でもあり、内的にはキリスト教から王と貴族へ権

赤い煉瓦と白い花崗岩の名古屋市市政資料館

力が移行した絶対王政の時代でもある。ブルボン王朝、ハプスブルグ王朝、ロマノフ王朝などが全盛で、ベルサイユ宮殿はその社交の中心であった。太陽王と呼ばれ「朕《ちん》は国家なり」と唱えたルイ十四世の饗宴《きょうえん》には、ヨーロッパ中の貴族が招かれたが、その贅沢《ぜいたく》を支えたのは、世界の植民地から収奪された富である。いわばバロックとは、侵略的王権の欲望を象徴する様式だったのである。

建設当時の日本の政治体制が、ヨーロッパのバロック建築を羨望《せんぼう》の眼差《まなざ》しで眺めていたことは事実であろう。明治維新から太平洋戦争までの日本には、絶対的王権を確立しようとする力と、憲法、議会、普通選挙へと向かう力とが拮抗《きっこう》していたのである。

裁判所が「歪んだ」とか「浮かれた」という意味をもつ様式となるのもおもしろいものだが、あまりにも豪華。監獄との落差がありすぎる。ここでなら、裁判員もやってみたい。

名古屋市市政資料館

地下鉄名城線・市役所駅から徒歩8分。名鉄瀬戸線・東大手駅から徒歩5分。開館は9時～17時。休館は月曜日、第3木曜日(祝日は開館)、12月29日～1月3日。名古屋市東区白壁町1－3。

山下啓次郎 [やました・けいじろう]

1868－1931　1867(慶応3)年鹿児島県生まれ。東京帝国大学工科大学(現東京大学工学部)卒。司法省に勤め、五大監獄(千葉、長崎、金沢、鹿児島、奈良)を設計。

金刺森太郎 [かなさし・もりたろう]

1863－1929　1863(文久3)年静岡県生まれ。旧制韮山中学校を卒後、建築現場で経験を積み、1908(明治41)年に司法技師になる。

天井のステンドグラスからの光が差す二、三階吹き抜けの大階段

三階踊り場のステンドグラスには水平に調整された秤が描かれている

25

八勝館・御幸の間

先端から伝統への誠意

名古屋市の八勝館を知っている人は少なくないだろうが、その中にある「御幸《みゆき》の間」の価値を知っている人は、かなりの建築通である。

戦後間もないころに、天皇行幸の宿泊所として設計された。設計者は茶室研究の大家として知られる堀口捨己である。これはもともと八勝館が、数寄屋（茶室）風を基本に設計された料理旅館であり、経営者もなかなかの茶人であったからだろう。しかし数寄屋というものは、千利休以来「簡素」であることを旨としている。天皇がそれを宿舎とするのも戦後というものかもしれないが、とはいえ、少し前まで現人神とされていた方がお泊りになるのだから、設計者

はそれなりの格式を出すことに苦労したに違いない。

その御幸の間でお茶を飲む機会があった。木組みは隙なく神経がゆきとどき、空間は簡素でゆったりとして、床が高いので見下ろすかたちになる庭は変化に富みながらも落ち着きを失っていない。よく指摘されるように、設計者の頭に桂離宮があったことはまちがいないだろう。

さてここで設計者の経歴に注目したい。

堀口捨己は、一九二〇（大正九）年、東京帝国大学（東京大学）在学中に、同期の山田守らとともに「分離派建築会」を結成した前衛であった。分離というのは過去の様式から離れるという意味で、当時ヨーロッパのドイツ語圏で結成された「ゼツェッシオン」（自由な装飾のアール・ヌーヴォーから機能主義的なバウハウスまでを担った建築運動、ウィーンのそれが有名）の日本版である。堀口は卒業後、紫烟荘《しえんそう》（一九

高床の「御幸の間」と東側に張り出す月見台

二六年)、大島測候所(一九三八年)、若狭邸(一九三九年)など、時代の先端というべきモダニズムの傑作を次々と発表する。

しかしやがて彼は、日本ファシズムの進行とともに、茶室と庭園の学術的研究に没頭するようになる。ギリシャのパルテノン神殿を見て、西洋建築史の埒外《らちがい》にいる東洋人であることを自覚したのがきっかけだとも言われる。

ナショナリズムに迎合して帝冠様式にすり寄り、戦後民主主義に迎合して機能主義に転じる建築家もいた。まっすぐに西洋からのモダニズムを追いかける建築家もいた。またモダニズムと日本の伝統を融合させようとする建築家もいた。しかし堀口のように、時代の先端から伝統の淵源《えんげん》に遡行《そこう》し、しかも第一級の作品と研究を成し遂げた建築家は稀有《けう》である。さまざまな解釈が可能だが、それは、建築にまつわる政治権力への嫌悪からくる姿勢ではなかったろうか。

堀口を知る人はみな、その設計と研究に向かう真摯《しんし》な態度と学識の深さを讃える。戦前、戦中、戦後という激しい政治思想の転変を生きた建築家の、もっとも誠意ある態度の一つであったと思われる。

八勝館

地下鉄鶴舞線、同名城線・八事駅から徒歩2分。営業時間は11時〜15時、17時〜21時。定休日は月曜日(応相談。盆、正月は休み)。名古屋市昭和区広路町字石坂29。問い合わせは八勝館 TEL052(831)1585。

堀口捨己 [ほりぐち・すてみ]

1895−1984　1895(明治28)年岐阜県生まれ。1920(大正9)年東京帝国大学工科大学(現東京大学工学部)卒。23年ヨーロッパ留学。その後東京美術学校(現東京芸術大学)、明治大学、神奈川大学の教壇に立つ。歌人、日本庭園の研究家としても知られる。常滑市陶芸研究所(愛知)、万葉公園と万葉博物館および万葉亭(神奈川)などを手がけた。

板と竹すのこが張られた月見台の床

庭に張り出した月見台

十畳と十五畳からなる「御幸の間」で一段高く設けられた畳敷きの床の間

26

蒲郡クラシックホテル

文豪たちが愛した距離感

日本には、旅先で泊まるところに"旅館"と"ホテル"の二種類がある。

これも珍しい文化だ。前者は和風、後者は洋風あるいは近代風であるが、どちらにも捨てがたい魅力と利点がある。

しかしその中間もある。西洋からのホテルという概念に、伝統的な技術と風格をもって取り組んだ、日光金谷ホテル、軽井沢万平ホテル、箱根富士屋ホテル、奈良ホテルなど。これらはすべて格式の高い第一級ホテルで、今は「クラシックホテル」と呼ばれ、この蒲郡クラシックホテルもそこに連なる。

海と島を背景に、一つの山を支配するようにそそり建つ。何よりも眺望を重視しているのだ。

蒲郡ホテル（蒲郡クラシックホテルの前身蒲郡プリンスホテルのさらに前身）は、常盤館という旅館を母体として、一九三四（昭和九）年、外貨獲得のための国際観光ホテル第一号として建てられた。その関係によってか、設計者は元鉄道省にいた建築家久野節である。内部は主として洋風であるが、外部には日本の伝統が強く意識されている。戦争に突き進む直前の建築である。

特筆すべきことは、ここ（常盤館）に文学者がよく逗留《とうりゅう》し、作品の舞台ともなっていることである。海に面した温泉郷で、東京と関西の間

落ち着いた色調で統一された吹き抜けのロビー

にあり、どちらからもそれなりの距離感があって、隠れた桃源郷のような空気を好んだのだろうか。

谷崎潤一郎が『細雪』の雪子の旅行先として、川端康成が『驢馬《ろば》に乗る妻』という幻想的な短編の舞台として、三島由紀夫が料亭の女将《おかみ》が選挙を争う『宴《うたげ》のあと』の舞台として、いずれも女性を主人公としていることに注目したい。私はこの三人を、日本の建築様式が近代化とともに滅びゆく様を描いた小説家と位置づけている。谷崎は建築を、そこに君臨する女性の華やかさの延長として、川端は可憐《かれん》な少女とともに滅びゆく繊細な美として、三島は、女性と男性の虚栄を体現する絢爛《けんらん》の装置として、それぞれに描く作家であった。

ホテルの近くには、かつての常盤館の趣を伝える「海辺の文学記念館」が建っている。

古き良き時代を偲《しの》びながら一泊するのもいいだろう。海を眺めて文章を練りながら数泊するのもいいだろう。名古屋からも適度な距離感がある。

蒲郡クラシックホテル

JR東海道本線・蒲郡駅から車で5分。愛知県蒲郡市竹島町15－1。
問い合わせは同ホテル TEL0533(68)1111。

久野　節 ［くの・みさお］

1882－1962　1882(明治15)年大阪生まれ。東京帝国大学(東京大学)建築学科卒。千葉県、鉄道省、中部鉄道管理局、逓信省の技師を歴任。1927(昭和2)年久野設計事務所を設立。千葉県立佐倉高等学校記念館(旧佐倉中学校本館)、近鉄(旧参宮急行電鉄)宇治山田駅(三重)、南海ビルディング(大阪)などを手がけた。

三河湾を見下ろす蒲郡クラシックホテル

ホテル前に広がるツツジが美しい日本庭園

27

南山大学キャンパス

西洋人と日本の伝統

星霜を経た私立大学のキャンパスには独特の空気がある。

国立大学は規模も大きく建物も立派だが、雑然として統一感がない。むしろ歴史の古い私立大学に、建学者の思想と、そこに積み重ねられた学びの香りが立ち上がるものだ。

南山大学は、一九四九(昭和二十四)年に開学したカトリック系の大学で、東京の上智大学と姉妹校、キャンパス全体が、アントニン・レーモンドというチェコ人建築家によって設計された。

レーモンドは、帝国ホテルの設計で来日したフランク・ロイド・ライトの助手を務め、そのあと袂《たもと》を分かって独立、そのまま日本で活躍した。私がこの人を高く評価するのは、外国人でありながら、日本的な数寄屋的な伝統を、モダニズムとして蘇生《そせい》させた第一人者であるからだ。軽井沢の教会や東京の住宅など、木造の小建築に絶品と言っていいものがある。簡潔で優雅な造形精神が細かいところまで行き届いている。弟子に当たる吉村順三はもちろん、丹下健三や清家清などにも、大きな影響を与えた。

さて、名古屋市東部の小高い丘をなす深い森に包まれたキャンパスを訪れ、事務棟から、図書館、大教室棟、斜面に沿った教室棟の吹き抜けを見てまわる。外観は、コンクリートの打ち放しと煉瓦《れんが》色の塗装の組み合わせ。この場所の土の色を使ったとか。コンクリートを着色塗装すると品がなくなりがちだが、そうなっていない。

「パッヘスクエア」。初代学長パッヘ神父の「新校舎の為に選ぶ」の碑が立つ

プレキャスト（コンクリートを先打ちして部品化したもの）のルーバー、ベンチ、手すりなど、簡素、繊細、柔軟な造形である。起伏の多い地形に合わせて建物ブリッジを多用し、こんもりとした林とともに芝生のオープンスペースを囲い込んで、立体的な空間を形成している。

しかし忘れるところであった。神言神学院の大聖堂。これがすばらしい。大学を運営する南山学園の設立母体「神言修道会」の精神的な拠点である。

コンクリートの連続ヴォールト（穹窿《きゅうりゅう》）は華が開いたよう、そそりたつ塔の造形も柔らかく、内部には小さな光の原色が神言のように差し込んでくる。本来孤独なる人間の魂が静かに神と語り合う場なのだろう。他の建物に隠れて目立たないが、名古屋を代表するモダニズムの名建築である。

キリスト教が日本の教育に果たした功績は、宗教とは切り離したとしても高く評価すべきであろう。この大学とそのキャンパスが、この地域における「知の近代化」に潤いを与えている。

西洋の伝統が染みついた外国人建築家だからこそ、日本の伝統と近代の融合を果たし得たのかもしれない。

南山大学キャンパス

地下鉄名城線・名古屋大学駅から徒歩8分。同名城線・八事日赤駅から徒歩8分。名古屋市昭和区山里町18。問い合わせは同大学 TEL052（832）3111。

アントニン・レーモンド

1888－1976　チェコ出身のアメリカ人建築家。プラハ工科大学卒業後、1919（大正8）年フランク・ロイド・ライトの助手として来日。21年独立し、レーモンド建築設計事務所を設立。東京女子大学（東京）、群馬音楽センター（群馬）、レーモンドホール（三重）などを手がけた。

筒型の鐘楼を中心に五つの扇形をつないだ大聖堂

デザインと機能を兼ねたルーバーが取り付けられた第一研究棟

28

愛知県立芸術大学キャンパス

理想と現実 自然と人間

まさに自然の懐に抱かれたという印象の大学である。建築はその尾根や谷に寄り添うように建っている。

南山大学（前項）の設計者アントニン・レーモンドの弟子・吉村順三の設計だが、吉村は師と同様、日本の伝統とモダニズムを融合させ、木造の山荘や住宅に名品が多い。コンクリートも使うが、強い主張をもってではなく、ごく自然に木とコンクリートが組み合わされている。

しかしここでは構想が雄大だ。自然に寄り添

わせながらも、ピロティをもった直線的な講義棟がキャンパスの骨格を形成している。とはいえ象徴的権威的なものではなく、全体が有機的に結ばれて、レーモンドの師であるフランク・ロイド・ライトの〝有機的建築〟を引き継いでいるともいえる。大学は建物を歩いて移動できるのが望ましい。吉村は東京芸大の教授でもあったから、そういったことは身に染みていたであろう。

キャンパス内には貴重な動植物の生息も確認されているという。自然と一体という意味で、すばらしい環境の大学というほかはない。

しかし実を言えば、私は街中の大学が好きだ。大学といえば郊外の自然の中へという時代があり、自然とくればそれだけで良好な環境となりがちだが、実際には街中の方が便利で知的刺激にも恵まれている。大学生は社会からすなわち街から学ぶことも多い。酒場も喫茶店も映画館もバ

尾根に沿って南北に配された講義棟

イトも一概に否定できない。まして現代、インターネットの世界に閉じこもっているよりは「街へ出よ」だ。

理想家には二種類ある。猥雑《わいざつ》な現実を離れ自己の桃源郷に生きようとするタイプと、人間社会の現実に身を置いて自己実現を目指すタイプである。学者や芸術家は両方あっていい。しかし政治に携わる人が現実を見ないのは困る。今の政治家や官僚が、建前の理想をとなえて、巨額の財政赤字を垂れ流しているのは、大東亜の理想を掲げて引くことを知らなかった戦前の軍部と同様ではないか。八月は日本人にとってつらい記憶の季節だが、再びあのような阿鼻叫喚《あびきょうかん》が生じたら、いったい誰が責任をとるというのか。

怒りのあまり話が逸れた。

私は街中の大学が好きだが、豊かな自然の中で学問芸術に没頭する場があるというのはありがたいことである。この尾根、この谷、この森に、この地域の芸術的中心としての創造的な空気が醸成されることを切望する。

施設が古くなったので、改修の話があるという。もとの建築の良さをできるだけ残してもらいたい。名建築は時が経つほどに味が出るものだ。

愛知県立芸術大学キャンパス

リニモ(東部丘陵線)・芸大通駅から徒歩10分。愛知県長久手市岩作三ケ峯1－114。問い合わせは同大学 TEL0561(62)1180。

吉村順三 [よしむら・じゅんぞう]

1908－1997　1908(明治41)年東京生まれ。東京美術学校(現東京芸術大学)で日本の古建築に触れる。31(昭和6)年卒業後、レーモンド設計事務所をへて、41年吉村順三設計事務所を設立。75年「奈良国立博物館新館」で日本芸術院賞、89(平成元年)年「八ヶ岳高原音楽堂」で毎日芸術賞などを受賞。

奏楽堂外観

講義棟を中心に各棟が広がるキャンパス

29

豊田市美術館

モダニズムの桂離宮

現代抽象絵画のようにシンプルで美しい、という表現が当たっているだろうか。

案内に沿って角を曲がると一気に視界が開ける。正面に石とガラスの端正な建築が立面図のように姿を現し、手前には緑と水といくつかの前衛彫刻が絶妙に配され、別世界だ。建築は谷口吉生、造園はピーター・ウォーカーである。

私は建築を学び始めた学生に、まずこれを観《み》に行くように勧めてきた。「モダニズム建築の美意識」を感得させるのにピッタリであるからだ。

県立、市立の美術館には力の入った作品が多いが、豊田市美術館はこの地域で一頭地を抜いている。

建築内部のホールから展示室を巡り、庭を眺めて水を渡り、露地の茶室へと進む。空間の隅々に至るまで、張り詰めたような緊張感が漂う。難点といえば、洗練されすぎていて息が抜けないことだ。

「現代の桂離宮」かとも考えた。桂といえば「侘《わ》び錆《さ》び」となりがちだが、学生時代、建築史の先生に導かれて訪れ、その庭と建築が一体となった姿に、計算され尽くした精妙な美意識の存在を感じた。実は華やかなものでもあるのだ。

谷口吉生は、ハーバード大学の建築学科で学び、丹下健三の事務所を経て独立。父親は高名な建築家谷口吉郎。まことにサラブレッドである。今ではニューヨーク近代美術館の改修も手がけ、世界でも第一級の建築家として認められている。

重要なのは、日本の大学で建築を学んでいな

Kijuro yahagi ©　ライトアップされた豊田市美術館

いという点であろう。日本の大学を出て、海外の大学院や建築家の事務所に行くというパターンは多いが、彼のような経歴は案外珍しい。その経歴で培われたのは、欧米人の眼《め》で日本の伝統を評価し直すという視点であり、かつ創作家としてそこに固執するという立脚点ではないか。

　私は、愛知万博の県パビリオン設計者選定プロポーザルの審査委員長として、彼のプレゼンテーションを受けたことがある。日本の伝統にモダニズムに通ずる美を見出し、それを洗練された現代建築として昇華させることを力説した。もはや古いともいえるが正統なともいえる論理である。柔らかな物腰、淡々とした語りから、彼の強固な信念が、鋭い切っ先となって一直線に突き出された。真剣勝負だ。

　数々の美術館を手がけているが、香川県丸亀市の猪熊弦一郎現代美術館が特にいい。外からガラス越しの壁画が見え、絵が街に参加しているからである。

　それにしても、現代の建築に桂離宮時代の日本人が到達した、自然と人工が渾然《こんぜん》となった美的洗練に想《おも》いを致さざるをえない。様式は変わっても。心は連続していると言うべきか。

豊田市美術館　名鉄三河線、同豊田線・豊田市駅、愛知環状鉄道・新豊田駅から徒歩15分。開館は10時～17時30分（入場は17時まで）。休館は月曜日（祝日は開館）、そのほか展示入替などで不定期にあり。入館料（常設展）は一般・300円、高校・大学生・200円、小学生以下無料。愛知県豊田市小坂本町8－5－1。問い合わせは同美術館 TEL0565（34）6610。

谷口吉生［たにぐち・よしお］
1937（昭和12）年東京生まれ。60年慶應義塾大学、64年ハーバード大学建築学科大学院卒。丹下健三研究室を経て、独立。84年「資生堂アート・ハウス（静岡）」2001年「東京国立博物館法隆寺宝物館（東京）」で日本建築学会賞、94年「丸亀市猪熊弦一郎現代美術館・丸亀市立図書館（香川）」で村野藤吾賞などを受賞。

すりガラス壁面からの光がジェニー・ホルツァー(中央)、ジョセフ・コスース(左)の作品を照らす

旅の途中3

外国人建築家の系譜

日本の建築界において外国（西洋）人が果たした役割は小さくはない。しかしまたそれほど大きくもない。

他の国と比べて日本人は、学ぶことに熱心でかつ自主的であったからだ。

明治になって、最初に洋風建築を設計したのは、見よう見まねの大工とともに、お雇い外国人と呼ばれる西洋人建築家である。その代表が、ウォートルス（一八四二年生まれ、一八六四年に来日）というアイルランド人であった。大阪造幣寮、銀座煉瓦《れんが》街などを手がけたが、この人は本格的な建築教育を受けたわけではなく、器用な技術者といったところで、開花日本に、洋風建築らしきものをつくったと言った方が正確かもしれない。大工がつくった擬洋風建築と似たような位置にある。

伊藤博文や井上馨など、西洋追随派政治家の要請もあって、日本政府が本格的な西洋建築学の教師として招聘《しょうへい》したのがジョサイア・コンドル（一八五二年生まれ、一八七七年に来日）というイギリス人であった。大学を出たあとソーン賞を受賞したエリート建築家であるが、いかにも若い。工部大学校（東京大学工学部の前身）においてコンドルの教育を受けた第一期生が辰野金吾、片山東熊などであるが、それほど年齢が違わなかった。コンドルは、早々に大学を辞して、建築家としての仕事に専念し、鹿鳴館、博物館（東京国立博物館旧本館）など公的な建築とともに、岩崎邸、諸戸邸など財閥の邸宅を設計する。しかし彼の作品は、日本の権力者が好んだクラシックやバロックの威風ではなく、どこか東洋的なところがあった。それはコンドル自身の趣味でもあるが、世紀末に向かう英国知識人の傾向でもあり、ウィリアム・モリスと英国アール・ヌーヴォーにつながるものでもあり、この時代の英国がモダン・アーキテクチャー（近代建築）前夜にあったことを感じさせる。

大学におけるコンドルの後継者となったのは辰野金吾で、赤煉瓦と白い石と銅板屋根を組み合わせた辰野式と呼ばれる様式を日本全国に広げていった。今に残る洋風建築はこの人の作品か、その影響を受けた作品が多い。明治建築界を支配したといってもいい。

しかし伊藤や井上のような政治家には、東京をパリにも似たバロック風のメトロポリスに変えたいという意志が強かったようだ。現在の霞が関あたりに、議事堂も含めて壮麗な官庁建築を集中させ、帝都としての威容を整えようと、コンドルを避けるように、ドイツのエンデ=ベックマン事務所に設計を依頼する。日本の中心部を洋風建築で埋め尽くすということには反対もあり、事は簡単には進まなかったが、実際の建築的成果として、司法省庁舎（現法務省旧本館）が建てられている。全盛期を過ぎようとするイギリスよりも、十九世紀に統一され国家体制を固めようとする若いドイツの方が日本の国体に近かったのである。

大正時代に向かって、民間建築の洋風化が進む。そこにやってきたのがアメリカ人、ウィリアム・メレル・ヴォーリズ（一八八〇年生まれ、一九〇五年来日）である。建築家としてではなく、ミッションすなわちキリスト教の布教を使命として来日した。医療活動に力を入れ、メンソレータムの生産販売を開始すると同時に、本国でやりたかった建築設計の仕事を始める。近江八幡を中心にして、関西にも、関東にも、特に教会とミッション系の学校建築を設計した。

この時代は、アール・ヌーヴォーからゼツェッシオンへ、つまりヨーロッパの建築界が、モダニズム（近代主義）に向かって歩き出す時代である。日本でも分離派が結成され、堀口捨己、山田守などが、新しい時代の建築を模索した。つまり洋風（西洋の歴史的様式）からの脱却である。

最初に来日した本格的な近代建築家がフランク・ロイド・ライト（一八六七年生まれ、一九一三年来日）である。帝国ホテルを設計することになり、時を経て一九二三年に完成した。日本ではモガ・モボの時代、アメリカはアール・デコの時代に入ろうとするが、ヨーロッパではバウハウスを中心に、装飾を排した機能主義が主流となって、インターナショナル・スタイルに向かう。もちろんライトの建築はモダニズムではあるが、やや装飾的なところがあり、バウハウス流の無機的なスタイルに対して、彼は有機的建築を主張した。日本の大谷石とスクラッチタイルを使った帝国ホテルの外観は、柔らかさがあり、学生時代に訪れた私にはメキシコ風にも感じられたが、内部も含めて、モダン建築の傑作であることはまちがいない。これが取り壊されたのは、日本建築界のみならず、世界の建築界にとっても痛恨のきわみ。せめてもの救いが明治村移転であった。

ライトの助手として来日し、そのまま日本に残って建築家として活躍したのが、アントニン・レーモンド（一八八八年生まれ、一九一九年来日）である。伝統的な木造の技術とモダニズムを融合させ、日本の近代建築に一つの指針を与えた。その意味でコンドル、ヴォーリズについで重要な外国人建築家で、コンドルは明治を、ヴォーリズは大正を、レーモンドは昭和を築いたといえようか。吉村順三をはじめ、この人の影響を受けた日本人は多い。

ファシズムに向かう時期に来日し、日本の知識人一般に衝撃を与えた建築家はブルーノ・タウト（一八八〇年生まれ、一九三三年来日）である。『日本文化私観』という著書の中で、伊勢神宮と桂離宮を絶賛し、その対極にある日光東照宮を批判した。日本人の美意識が華美なものでなく簡素であることを賞賛し、これを「機能主義」と呼んだ。いわば日本美再発見である。日本的なものを中国的なものから分離する役割を果たしたが、同時に西洋的なものからも分離することとなり、日本の伝統とモダニズムとの関係を大きく転換させた。

本国ではドイツ表現主義に属し、挑戦的なプロジェクトと、社会主義に傾倒して集合住宅を手がけている。この時代の建築家は、創ることと同時に、思想的展開をすることに忙しかった。つまり前衛運動の時代である。

このあと、日本建築界は軍国化とともに帝冠様式の時代となる。

第二次大戦後、欧米でも日本でも、様式主義は民族主義とともに衰退し、近代主義、インターナショナル・スタイルが主流となる。それを象徴するようにワルター・グロピウス（一八八三年生まれ）が一九五四年に来日する。彼はバウハウスの初代校長であり、いわばモダン・アーキテクチャーの偉大な教師といった風格で、戦前には山口文象、戦後には清家清が教えを受けていた。日本の伝統を機能主義的な視点で高く評価した点ではタウトと同様の論調であったが、和とモダンの融合は、日本民主主義の様式としてのお墨付きを与えられたといっていい。

つづいて、上野公園の国立西洋美術館の設計もあって、ル・コルビュジエ（一八八七年生まれ）が一九五五年に来日する。常に前衛を目指すコルビュジエは、日本の伝統にそれほどの敬意は払わなかったようだが、坂倉準三、前川國男、吉阪隆正、丹下健三などの建築家に圧倒的な影響を与え、その力は次の世代のメタボリズム建築家にまで及んでいる。

われわれは、このライト、グロピウス、ル・コルビュジエに加えてミース・ファン・デル・ローエを、近代建築の巨匠と呼んでいる。

戦後日本の建築界は、この巨匠たちに直接教えを受けた世代と、その弟子たちの世代と、さらにその弟子たち世代で構成され、その影響が伝わっている。つまり近代建築家山脈が存在するのだ。

私はこれまで、中国で何回か建築の講義をしたが、そこにこういったモダニズムの歴史がないことを痛感した。近世も近代も経ず、中世からいきなり現代へと転換した感があるのだ。多くの途上国がそういう経過を辿《たど》りつつある。

日本の建築は、明治維新のあと、洋風から入り、アール・ヌーヴォー、ゼツェッシオンを経て、インターナショナル・スタイルへと向かい、ポストモダンが模索された。つまりヨーロッパ近代の経験を短縮してトレースしたようなところがある。

その意味でもユニークな文化なのだ。

風土と伝統

30

妻籠宿 松代屋

薄い隔てと厚い隔て

旧《ふる》い街並みがつづく妻籠宿に松代屋という旅館があり、何度か泊まったことがある。普通の木造、普通の旅館である。だが、昔の普通であって、今の普通ではない。緑の多い庭先の廊下を渡るのは風情がある。それぞれの客室は襖《ふすま》で仕切られているだけだから、夜、隣の泊まり客の話し声が聞こえないこともない。「一つ家に遊女も寝たり萩と月」という芭蕉の句は、こういう宿で詠まれたのであろうかと思い、坂本龍馬の「寺田屋騒動」が起きそうな気もした。朝になったらやけに寒い。窓側の障子を開けると、敷居の先に雪が積もっていて、再び布団に潜り込んだ。

これが昔の旅館なのだ。プライバシーと断熱性がない。しかし現代ホテルの和室ではえられない風情がある。暑いからこそ鯉《こい》の洗いを、寒いからこそ鯉こくを、美味《うま》く感じるのだろう。

日本文化はこの「薄い隔て」とともにあった。『源氏物語』の恋愛場面は、簾《すだれ》や几帳《きちょう》を越えていく描写で構成され、江戸の落語も壁一枚隔てて隣の物音が聞こえる長屋生活から生まれた人情だ。

近代化によって、われわれはこういった情緒と文化を捨て、快適な（とされる）「厚い隔て」の生活を手に入れた。もはや昔の生活に戻ることはできない相談だろう。今夏のような酷暑には、クーラーなしではいられないというのが正直なところだった。背に腹は替えられないのだ。

しかしこのごろ、「厚い隔て」の弊害も目につく。

若者が部屋に閉じこもってインターネットに

当時の様子が偲ばれる松代屋

ふけり、社会性を失っていく。冷暖房が当たり前になってエネルギー消費が進み、地球環境そのものが破壊される。プライバシーの壁にぶつかって、子どもの虐待を防ぐことができない。鬼籍に入ったはずが戸籍にも残っていて、超高齢者に年金を支払いつづける。つまり建築の隔てが社会の隔てとなり、人間とその家族を孤立させているのだ。

近年の日本人はこの「厚い隔て」を、自由、個の確立、進歩と考えてきたが、果たして人間は、それほど強いものだろうか。社会保障より人情こそが本当の福祉であるかもしれない。戦後民主主義の崩壊が感じられる今日、長い時間をかけてこの風土に培われてきた「薄い隔て」の文化を見直す気にもなる。

秋風が吹いてきた。時には松代屋のような宿に泊まってみるのもいいではないか。

妻籠宿 松代屋

JR中央本線・南木曽駅からおんたけ交通バス・妻籠橋から徒歩1分。休館は水曜日。宿泊料は一泊二食(大人)1万500円、同(子供)7350円。長野県木曽郡南木曽町吾妻807。問い合わせは同旅館 0264(57)3022。

妻籠の街並み

渡り廊下と中庭

町文化財・下嵯峨屋の囲炉裏のある板間

31

吉島家住宅

日本民家の精妙

豪商の家ではあるが、通りからの入り口は比較的低く抑えられている。潜るようにして入った広い土間から天井を見上げて、思わずゾクッとした。屋根を支える精巧な木組みが、高窓から入る柔らかい光を浴びて、まことに美しく黒光りしていたからだ。

建築界ではこの吉島家住宅を、民家の最高峰とする声が高い。

私も賛成である。一九〇七（明治四十）年、火事で焼けたあとに、飛騨の匠《たくみ》・西田伊三郎によって再建された。梁《はり》、柱、床板、天井板、建具、すべてが選《え》りすぐりの素材で、しかも加工の精度が高い。”みせ“から、座敷、中庭まで、空間の隅々にわたって、繊細で洗練された美意識が行き届いている。豪商の家にありがちな、奇をてらって妙に趣味を凝らした部分がない。木というものを知り尽くした、熟達した匠の技である。

日本の木造建築は、世界最高の水準に達した。

しかし、仏教寺院の様式はもともと中国から来たものであり、茶室や城郭はやや特殊な様式であり、寝殿造《しんでんづくり》や書院造《しょいんづくり》は権力者のもので、やはり豪華さが先に立つ。むしろこういった民家にこそ、日本人特有の技と美が潜んでいる。

芸術的創作というものは、美と、技と、双方ともに優れていなければならない。どんなに美意識が高雅であっても、それを実現する技術が

梁と束で構成される吹き抜けから柔らかい光が差す吉島家住宅

なければ、稚拙なものとなる。どんなに技術が優れていても、その根底にある美意識が低ければ、俗の王であるにすぎない。伝統をおろそかにできないのは、その美と技の調和に絶妙なものがあるからだ。西洋の伝統文化に日本人が挑戦するとき、技術は追いつくが表現力が追いつかない。あるいは個人的な創造精神に欠けるということがよくある。逆に自動車や電気製品といった「ものづくり」の高品質には、伝統的な匠の技が継承されていると思わされる。

近代の工業化の中で、日本人はこの「技」の精神だけを伸ばして、「美」の精神をどこかへ置き忘れてしまったのではないか。醜悪な看板と電信柱だらけの街並みがそのことをよく表している。

アニメやゲームなど、新しい創造産業の振興が叫ばれている今日、もう一度、日本人特有の端正な美意識を取り戻す必要があるように思う。現在の閉塞《へいそく》状況を打ち破るには、一時的な円高介入や景気刺激策などではなく、日本文化そのものの原点に立ち返るべきだ。もう、小手先ではどうにもならない。

日本伝統の神髄を、私は「精妙文化」と呼んでいるが、それを失ったとき、この国は亡《ほろ》びるだろう。

吉島家住宅

JR高山本線・高山駅から徒歩17分。開館は3～11月は9時～17時、12～2月は9時～16時30分。休館は12～2月の火曜日（祝日の場合は開館）、12月29日～1月1日。入館料は大人・500円、小・中学生・300円。岐阜県高山市大新町1－51。問い合わせは同住宅 TEL0577（32）0038。

茶室から見た前庭

つぎの間から見た本座敷。床柱は天然ヒノキの四方柾。天井は杜松（ねず）の砂ずり仕上げ

篠田桃紅のリトグラフ作品を常設展示した井戸端ギャラリー。もとは井戸水を汲んだり、野菜を洗ったりする作業場だった

32

高山 伝統の町並み

保存と観光と再生

飛騨高山、一之町、二之町、三之町。伝統の町並みに土産物店と飲食店が並び観光客でにぎわう。

軒先に凍り付いた雪が解けて浸《し》み入る〝スガモリ〟を防ぐために、緩い勾配の大屋根が通りに出て軒が深いのが高山民家の特徴だ。風土というものである。

黒々とした木組みには、柔らかさがあり、奥行きがあり、潤いがあり、その空間の襞《ひだ》に、長い時間をかけて醸成された文化が息づいている。軒下に並べられた商品は、布や紙や竹で包装され、その材質が文字と一体になって語りかけてくる。空気と光が、雨上がりのような生命の匂《にお》いを放つ。

高山は、古い木造建築の町並みが保存され観光化された都市の典型であろう。主要都市からの交通の便が悪く、明治以来の近代化が進まなかったからであるが、それが、律令時代以来の「飛驒の匠《たくみ》」の里であったことは幸いであった。

日本の木造建築を残すことは、ヨーロッパの石造建築を残すこととはまったく異なる。

例えばスペインでは、パラドールといって、各地の古い城館を改装し、国営ホテルとして運営している。そうとうのコストをかけ、文化的に高い魅力があるので、予約がとりにくいほどの人気である。

しかし日本の木造建築は、柔軟である代わりに脆弱《ぜいじゃく》で、大量の観光客やハードな使用には耐えられない。プライバシーも守りにくく近代設備も施しにくい。座敷という様式は靴とズボンの現代生活にそぐわない。伝統の木造建築を、近代施設に変容させるには、高いハードルを乗

観光客でにぎわう店先

り越えなければならないのだ。

日本人はまだ近代的な生活を強く志向しているし、あらゆる建築産業がそちらに向かっている。建築基準法は防災一辺倒で文化という視点に立っていない。

とはいえ私は、単なる文化財保存を訴えているのではない。現代に生きる伝統であってほしいのだ。観光地となるのはきわめて幸運なことである。文化を守るための経済が成り立つからで、観光産業はかつてとは比べものにならないほど成長した。しかし本当に伝統を生かすということは、それを現在の生活の中に取り込み使用することではないか。

「和風」（和様）という言葉は、もともと外来の様式をこの国の風土に「和ませた」という意味である。何とかして、日本の伝統と近代文明を和ませたいものだ。最近は飲食店などに「新しい和」のスタイルが浸透しつつあるが、そういったものの質を保つためにも、〝本物〟はしっかりと守られるべきである。

高山 伝統の町並み

JR高山本線・高山駅から徒歩12分。問い合わせは高山市観光課 TEL0577(32)3333。

古い町並みを走る人力車

レストラン、土産物屋が軒を連ねる町家

33

ひがし茶屋街

芸者と哲学

金沢の町に、同じような規模の数寄屋風木造建築がびっしりと並ぶ一画がある。現在は「ひがし茶屋街」と呼ばれ、観光客でにぎわい、飲食店や土産物店として営業しているが、昔は「東の郭《くるわ》」と言った。要するに、酒と料理と男女の遊びの場であったのだ。この場合の女性は、もてなしのプロということで、高度な芸と知識と会話の妙が求められた。

通りに面して木虫籠《きむすこ》と呼ばれるきめ細かい出格子で構成された外観、入ってみれば比較的小さな内部空間は、瀟洒《しょうしゃ》ではあっても派手ではない。工芸と食の彩りや芸者の姿が浮き上がるように、建築は抑えられていたのだろうか。兼六園に隣

数寄屋風建築が並ぶひがし茶屋街

接する成巽閣《せいそんかく》（前田家奥方御殿）の派手な意匠と比べると、加賀百万石大名の豪勢に対して、町衆は簡素な洗練を好んだとも思える。

考えてみれば、京都祇園の茶屋も比較的簡素な建築である。そしてこの数寄屋風の様式が「茶の湯」という文化に端を発することが、日本建築史上の大きな特徴だ。さかのぼれば『源氏物語』における「もののあはれ」や、草庵《そうあん》茶室における「侘《わ》び錆《さ》び」といった、洗練された「風流」の美意識が、日本の〝遊び文化〟の基本線をなしている。

アメリカにいたころ、こういった建築と、その業態と女性の存在を説明するのに苦労した。彼らは〝もてなし〟とか〝芸者〟という言葉を、もっと直接的な意味での「プロの女性」と考えがちで、われわれがもっているイメージとはずいぶん違ったものになってしまう。「饗宴《きょうえん》（symposion）」という言葉をもちだした

こともある。単純には酒食の席という意味であるが、古代ギリシャにおけるプラトンの著書名でもあり、現代の「シンポジウム」という言葉のもとでもある。宴席が哲学の場であったのだから、それが洗練された芸と会話の場であっても、そこに女性がいてもいいだろうという理屈である。芸者を哲学に結びつけるのは強引かもしれないが、偏見を持たずに異文化を理解するのは難しい。

今、このもてなしの文化は危機に瀕《ひん》している。

北陸の古都。金沢21世紀美術館の白壁とひがし茶屋街の出格子に、日本文化の今昔を思いながら一献傾けるのもいいだろう。冬の金沢は肴《さかな》が旨《うま》い。

ひがし茶屋街

JR北陸本線・金沢駅から北鉄バスで橋場町下車、徒歩10分。
問い合わせは金沢市観光協会 TEL076(232)5555。

江戸時代の茶屋文化を残す街並み

懐華楼内部。昭和初期まで茶屋「越濱」として営業

34

彦根城

歴史の残酷と不条理

姫路城ほど華やかではないが、数少ない国宝の城郭である。

グルグルとまわりながら上る階段路。その周囲を囲む堀、石垣、門、矢狭間《やざま》や鉄砲狭間を備えた櫓《やぐら》。本来は天守閣よりもこういった要害の地形づくりを「城」といった。歩きまわれば、その空間に想定されている攻撃と防御を垣間見る思いがする。

現在の彦根城は、徳川家康が譜代井伊家の居城を西国への守りとしてつくらせたものだ。古来このあたりは西と東の結節点で、壬申の乱や関ケ原の戦いなど、天下を分ける合戦のあったところ。日本を治める重要戦略拠点であり、本

格的な戦闘を想定した難攻不落の城普請であった。つまり本物である。天守は大津城を移したものとされ、平山城の形をとる。映画やドラマのロケ地としてもよく使われるようだが、周囲には大名庭園なども整備され、歴史をしのびながらの散策にはもってこいである。観光客を迎えるための新しい城下町も建設された。

　初代井伊直政は、早くから家康を支えた徳川四天王の一人であるが、直政が入る前の彦根は、あの石田三成の居城で、「治部少（三成）に過ぎたるもの二つあり、島の左近と佐和山の城」と歌われた佐和山城があった。三成は、豊臣秀吉に見いだされ、特に兵站《へいたん》に才を発揮したが、関ケ原で敗れ、斬首されたあとの首は三条河原にさらされた。

　また幕末の大老井伊直弼は、文武につうじた才人であったが、庶子であることから重く用いられず、彦根城近くの居宅を花の咲かない埋も

城跡の北面から臨む国宝の天主(右)と重要文化財の天秤櫓・佐和口多聞櫓

れ木にたとえて「埋木舎《うもれぎのや》」と名づけている。一躍、大老に抜擢《ばってき》されてからは開国を主張し、反対する人物を一掃する安政の大獄を断行、その怨念から水戸の浪士に桜田門外で惨殺された。

ここに書くまでもない、よく知られた事実であるが、考えてみれば、江戸時代すなわち日本の近世を開いたのも閉じたのも、この彦根から出た、いずれも自負と才能に優れた人物であった。そしてどちらも、歴史の回天に逆行し、悲劇的な末路をたどったのだ。英雄とはされていない。

わが国の歴史小説の舞台は戦国と幕末に集中している。その意味でこの彦根城こそ、まさに歴史が眠る城というべきではないか。映画やドラマは華々しく、善悪がはっきりしているが、歴史の真実とは、たいていは残酷なものであり、不条理なものである。

桜の季節には、さぞ美しかろう。

しかし今、日本人は東日本大震災というあまりにも残酷な不条理に直面している。

彦根城

JR東海道本線・彦根駅から徒歩10分。開館は8時30分～17時。年中無休。入場料は大人600円、小・中学生200円。滋賀県彦根市金亀町1−1。問い合わせは同管理事務所 TEL0749(22)2742。

出曲輪虎口

小ぶりながら変化に富んだ美しい姿を見せる天守

35

有楽苑・如庵

飄々たる漂泊

日本国に城郭と茶室はあまたあるが、国宝となるとごくわずか。その双方が一つの街にあるというのは愛知県犬山市だけではないか。天守閣と草庵《そうあん》茶室。安土城をつくった織田信長と、待庵をつくった千利休を、この特異な建築様式の創作者と考えても誤りではない。そしてこの安土桃山時代、日本はまったく未知の文明に遭遇していたのだ。

多くの日本人にとっては「南蛮」と呼んで済ませられるものであったが、何らかの世界観をもった人間には、鉄砲やキリスト教の奥に潜む巨大な石造建築文明の力が察知された。信長はそれを正の視線でとらえ、あのカテドラルにも

匹敵する巨大な木造建築を構想した。利休はそれを逆の視線でとらえ、極小の文化空間を創出した、というのが私の考えであり、これまでにも書いてきた。

ここで注目したいのは、その信長の弟でもあり、利休の弟子でもあった織田有楽斎という人物の作になる「如庵」という茶室である。有楽斎のクリスチャンネーム（Ｊｏｈａｎ）から名づけられたという。

もとは京都建仁寺の正伝院につくられたものだが、明治になってから祇園に払い下げられ、その後東京の三井家に移され、鈍翁益田孝（三井財閥の総帥で大茶人）に愛され、さらに神奈川県の大磯を経て、一九七二（昭和四十七）年、現在の地（犬山市）に移築された。

まことに漂泊の茶室であった。

如庵の内部は、細竹を隙間なく打った有楽窓、暦を張った壁の仕上げ、床脇から茶道口へと斜

南向きの正面外観。踏石に沿って行くと貴人口の土間、右手ににじり口がある

行する壁という独特の趣向がある。利休の待庵が厳しく侘《わ》びを追究した求道的な空間であるとすれば、こちらはどこか逸脱した日常的な軽みをもつ。とはいえ奇をてらったわけでもない。武人的な錆《さ》びの風格があるのは、やはり有楽斎の人間性だろうか。

信長の弟は不幸な運命をたどった者が多いが、彼は本能寺の変のあと、小牧長久手の戦いでも、関ケ原の合戦でも、大坂冬の陣、夏の陣でも、常に豊臣方と徳川方の仲介役となり、戦いに背を向け茶人として大成した。如庵と同様、漂泊の人生である。

華々しく戦って死ぬことが求められた時代に、戦闘の力学を見きわめ、生き延びる選択をする。後ろ指を指されることもあったが、世俗の権力欲より脱俗の美意識がまさったともいえよう。

古田織部や小堀遠州など、乱世に風流を嗜好《しこう》した大名茶人には、何か飄々《ひょうひょう》とした達観が感じられる。

数奇な運命をたどった如庵には、合戦とは違った「もう一つの戦国」が秘められている。

有楽苑・如庵

名鉄犬山線・犬山遊園駅から徒歩8分。開館は9時～17時（季節により変動）。年中無休。入場料は大人1000円、小人600円。愛知県犬山市御門先1。問い合わせは如庵 TEL0568(61)4608。

織田有楽斎［おだ・うらくさい］

戦国時代から江戸時代初期の大名茶人。信長の実弟。千利休に茶を学び、茶道有楽流を創始。京都建仁寺に正伝院を再興し、1618（元和4）年茶室「如庵」を建てる。1936年（昭和11）年国宝に指定。堺有楽屋敷、天満有楽屋敷、江戸有楽屋敷（東京・有楽町）と数多くの茶室を手がけた。

屋根の勾配そのままの掛け込み天井

貴人口の左袖壁には丸窓が、右にはにじり口を構える

二畳半台目、床は台目床で黒塗りの床框（かまち）を使用

旅の途中4

信長と利休

十六世紀、西欧文明の波は、三本マストの船に乗って、世界の海に広がった。大航海の時代である。ほとんどの地域がこの文明の力に屈服した。その波濤《はとう》は極東の島国にも到達する。

その頃この島々では、武田信玄や上杉謙信といった群雄が割拠し激しく覇を競っていた。武の時代であり、戦略の時代である。これには西欧人も驚いて、迂闊《うかつ》に手を出すことはできないと悟ったであろう。戦いに明け暮れる島々の人々は、大西洋からマラッカ海峡を通過してきた新しい波を「南蛮」と呼んだ。これは、周辺の民族を「東夷、西戎《せいじゅ》、南蛮、北狄《ほくてき》」と呼んだ中華思想の反映である。たしかに、ほとんどの人々にとっては、生活にさほどの変化をもたらさない、小波であった。しかし何らかの世界観をもってものを考えようとする人間にとっては、それまでの三国的な世界観を打ち破る大波であった。

列島に、そういう人物が二人いた。

織田信長と千利休である。武人と茶人。

この波を、文明という観点でとらえたのが信長であった。彼は、外洋を長期にわたって航海する船、鉄砲、火薬、地球儀、羅針盤といったものに興味をもち、その背後に隠れた文明の可能性を察知した。キリスト教を保護し、鉄砲を改良し、ありとあらゆる物と情報を収集しようとした。

遠方から船で運んだのであるから、もちこまれたのは小さなものばかりだった。しかしそこには建築や都市といった動かないものに対する情報も含まれていたであろう。石を積み上げ、天に向かう教会建築、城壁に囲まれた都市空間こそが、彼らの文明の根幹であることも察知されたに違いない。

そして信長は安土城を築いた。

その天守（天主）には大きな吹き抜けがあったとされる。であるならそこに、西洋の教会建築につうじる空間概念が感じられるではないか。石垣という石造の部分をもち、層を重ね、外壁全体を塗りまわす、日本の木造建築としては異色な天守閣という様式は、この安土城を嚆矢《こうし》として、江戸初期までのわずかな期間に全国各地に築かれたのだ。西洋の建築様式が、信長という鋭敏なレンズを通して、日本建築史上に反映されたように見える。

この波を文化という視点で眺めたのが利休である。しかも信長とは反対のベクトルをもって。

その切腹の理不尽な印象から、利休については秀吉との関係ばかり取り上げられるが、並みいる堺衆のうちで彼が一躍浮かび上がったのは、信長によってである。それはこの二人に共通点があったからだ。その共通点こそ、南蛮という波の彼方《かなた》に世界を見通す洞察力であったのではないか。

越前出兵のおりに、利休は信長に鉄砲の弾を贈っている。利休と並ぶ堺の茶人今井宗久は火薬商であったが、堺衆と信長はもともと戦いに必要な物資をもって結びついていた。特に信長と利休を結んだものは、その物資に付随する知識であり情報である。利休は信長の茶頭となり、その文化政策を補佐した。信長は、経済もまた文化も、戦略的に重要な意味をもつことを知っていたのだ。

そして利休は、草庵《そうあん》の茶室を編んだ。

村田珠光に始まり千利休によって確立された「侘《わ》び茶」というものは、二畳三畳という小さな草庵を舞台とする。細い露地を踏んで、躙《にじ》り口から体を折って入れば、そこは、節の多い丸太や皮付きの曲がった柱、竹組や網代の天井、下地の木舞が露出した小窓、壁は粗い仕上げで腰に紙を張るという、素朴かつ自由な、別世界である。豪華なものは一つもなく、また形式整った精巧な部分もなく、しかもなお美しい。キリスト教の清貧思想を思わせるような、極端なほどの簡素である。

また一見見落とされがちな茶室の特徴は、壁がちであることだが、これはどちらかというと大陸、半島の建築の系統である。逆に天井の竹組や網代は、インドシナ半島に多く見られる東南アジア的な様式で、建てるというより「結ぶ」とか「編む」という感覚だ。つまり草庵の茶室は、中国や日本の、東アジアの中心的な木造様式に対峙《たいじ》する、周縁の様式なのである。

茶の湯の要諦を「和漢の境をまぎらかす」としたのは珠光であったが、利休の時代にはもはや「和漢」どころではなかった。彼は商人独特の嗅覚によって、南蛮から盛んに入ってくる珍奇なる物どもの中にその本質的な意味を嗅ぎとった。あの、畳二枚という奇態な極小空間の文化意識は、南蛮の彼方に、西洋の巨大な構築文明の存在を感じることから生まれたのではないか。彼は、空間は縮小しても視野は拡大しているということを知っていた。人類の歴史において、極小の草庵茶室と巨大な石造建築とは、対称の関係をもって結びついている。

文化とは、ほんのわずかに触れ合うだけでも、何らかの影響を及ぼすものだ。それも、一見似つかぬ、不思議な力学によって。

信長亡きあとに天下を取った豊臣秀吉は、南蛮の波の彼方で大々的な侵略が行われていることを、またそれに対する日本の戦力をも察知したのかもしれない。自ら朝鮮征伐という名の侵略を行った。利休が切腹を賜った理由の一つは、これに反対したことととされる。

もう一人、この侵略に反対していた人物がいた。徳川家康である。彼は彼なりに南蛮という波の危険な性格を感じ取ったのであろう。国を閉ざして内治に務める。というより、その波を、オランダの船と長崎の出島だけに限定して、徹底管理し、利と情報を独占したといった方がいいかもしれない。ともかくも大平の世がやってきた。

南蛮という波と、三人の武将と、一人の茶人との関係は、それぞれに面白い。

万葉時代の唐にしろ、鎌倉時代の宋にしろ、戦国時代の南蛮にしろ、日本文化は常に、海外の文化文明との関係において育まれてきたことを感じる。明治の開国を過大評価すべきではないだろう。

産業の空間力

36

産業技術記念館

工人たちの執念

「名古屋に行って、見るべきものは何か」と聞かれたとき、私はこの記念館を勧めている。友人には技術屋が多いので、たいていの場合満足してもらえる。

建築は、豊田紡織の主力工場だったものを改修して使っているのだが、星霜を経た煉瓦《れんが》の壁とノコギリ屋根が、単なるノスタルジーではなく、現代建築としても強い魅力を放っている。しかしここでは展示内容の充実を論じたい。

半分は、織布、紡績といったものに当てられ、世界の繊維産業の変遷と豊田佐吉が絶えざる発明の情熱を傾けた織機との関係がよく理解できる。彼は「狂気」と評されるほど発明に集中する人

物で、工夫に工夫を重ねて到達した自動織機は世界最高の域に達し、その特許権をイギリスの会社に譲渡して自動車の研究に着手した。

「自動車をつくる」という夢を追いかけて実現させたのは、息子の喜一郎であったが、彼もまた「豊田をつぶす気か」と言われるほど、周囲の反対を押し切ってその開発に執念を燃やした。

この記念館に満ち満ちているのは、この親子二代と、それを支えた、佐吉の妻浅子(喜一郎にとっては継母)、トヨタ自動車の経営を軌道に乗せた石田退三、発展させた豊田英二、カンバン方式の生みの親大野耐一といった人々の〝才能と執念〟であり、それを企業として結実させた職人たちの苦闘の汗と成功の輝きである。

織機から自動車への転換は、世界の主力産業と日本工業とこの地域の戦前から戦後への転換を示している。その意味で、単にトヨタ自動車という企業を超えた本格的な産業博物館として

豊田紡織時代の工場跡がのこる外壁

評価したい。

　近年あちこちに博物館や記念館や資料館といったものができているが、展示に魅力のないものが多い。公共的な施設ほど面白くない上に勉強にもならない。まさに仕分けの対象である。宣伝になりがちなはずの民間企業のそれが、税金を使って公共に資するはずのそれよりも充実しているとはどういうことか。

　また、古い工場を転用した建築が新しく設計された建築より魅力的であるというのも、建築設計に携わる者にとっては皮肉な事実だ。大学で教える〝建築計画学〟という分野が形骸化しているのである。先生たちには、机上の理論と計算で建築はできないということに気づいてほしい。

　織機でイギリスに勝ち、自動車でアメリカに勝ち、ものづくりの国と言われるようになったが、厳しさを忘れればたちまち追い抜かれる。この資料館はその冷徹な事実を教えてくれるはずだ。初心に帰ろう。

産業技術記念館 名鉄名古屋本線・栄生駅から徒歩3分。地下鉄東山線・亀島駅から10分。開館は9時30分～17時（入場は16時30分）。休館は月曜（祝日は開館）、年末年始。入場料は大人500円、中・高校生300円、小学生200円。名古屋市西区則武新町4－1－35。問い合わせは同記念館TEL052(551)6115。

産業技術記念館外観

当時の壁面をそのまま残している

ノコギリ屋根を見事に組み込みこんだデザイン

自動車館

繊維機械館

37

ノリタケの森

陶磁器制作の「武」と「雅」

うねりのある芝生の広場を、ゆったりと風がわたる。

先に採り上げた「産業技術記念館」にほど近い「ノリタケの森」にやってきた。工場跡を公園のような博物館にしたもので、一種の"遺跡"と言っていい。

来訪者の眼《め》を引くのはエンタシス（ギリシャ神殿の柱における中程《ほど》が太くなった形、木造の名残とも言われる）を圧縮したようにふっくらとした六本の円筒だ。テレビ塔ができる前は名古屋で一番高い工作物であったという煙突の、基底部分だけを残したもので、蔦《つた》が絡まってみごとなオブジェとなっている。鉄で補強された

赤煉瓦《れんが》の窯と、半ば大地に埋もれた煙道の跡は、炎を扱う激しい仕事に携わった職人たちの、荒ぶる魂を偲《しの》ばせた。

一方、展示館の中に入れば、そこは窯場跡の「武」に対する「雅《みやび》」の世界。ノリタケの作品の歴史が華やかに展開される。ロココ調から、アール・ヌーヴォー、ゼツェッシオンを経て、アール・デコ調のモダニズムに至るまで、ヨーロッパの陶磁器デザインの変遷がよく分かり、それが建築様式の変遷に一致していることに今さらのように気がついた。

装飾のモチーフは圧倒的に草花であるが、風景や、女性や、動物も顔を出し、やはり日本の伝統の繊細さが生きている。またフランク・ロイド・ライトが帝国ホテルのためにデザインした食器も置かれている。さすがにノリタケだけあって、ミュージアム・ショップも、レストランも、他の博物館にはない優雅さに満ちている。

絡まるツタが時の流れを感じさせる古い煙突のモニュメント

焼き物の技術とデザインは古代シルクロードを通じて、ユーラシアの東西によく伝播《でんぱ》した。精巧な磁器の技術は中国がリードした。千利休に代表される日本の「侘《わ》び」の茶には素朴さが好まれた。それが、十六世紀以後の海を通じてヨーロッパの食器文化に影響を与え、そのヨーロッパ室内デザインの歴史を、近代文明の受容とともに日本のノリタケが追いかけたのである。

この森（公園博物館）には、陶磁器職人の技術としての「武」と、美意識としての「雅」が凝縮されている。どちらも日本人が失ってはならないものだ。政治と公共がうまく機能しないこの国では、人々がその技術と美意識によって、果敢に世界に打って出るほかに道はないではないか。

文化とは〝つながり〟であろう。東アジア情勢が緊迫しているが、日本も、朝鮮半島も、中国も、またアメリカさえも、互いに濃密な文化関係にあることを肝に銘じたい。人間の心は、底の方ではつながっているのだと念じつつ、年を越そうと思う。

ノリタケの森

地下鉄東山線・亀島駅から徒歩5分。休日は月曜日（祝日は開園）、年末年始。入園無料（一部有料施設有り）。名古屋市西区則武新町3－1－36。問い合わせはTEL052（561）7290。

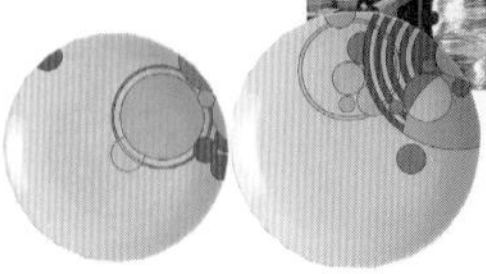

1970年代当時稼働していた工場煙突

セラミックスを中心とした展示館・キャンバス

38

INAXライブミュージアム

テラコッタ・手の天才

寒風の中、久しぶりに名鉄常滑駅に降り立った。館長の辻孝二郎さんから連絡があり、「鈴木禎次が設計した横浜松坂屋のテラコッタが手に入ることになったので意見を聞きたい」と言われたのだ。ホームに立って、中部国際空港ができてから、終着駅が通過駅となったことを感じる。

一般にテラコッタとは、土を焼いたものを、煉瓦《れんが》やタイルとしてではなく、彫刻された石のように使う建築材料を意味する。もともと日本は、石と煉瓦の建築が育たなかった珍しい国であるが、明治となって一挙に洋風建築が入って、赤煉瓦の時代となり、それが一段落したあとに、このテラコッタが使われたのである。石に比べて、

日本には焼き物の技術があったこと、大震災のあと構造的な軽量さが求められたことなどによる。

一九二〇年代半ばから三〇年代半ばまで、日本建築界はテラコッタの時代となり、当時の花形であった百貨店にもよく使われた。アール・デコの時代であり、モガ・モボの時代であった。ヨーロッパへの憧れとモダンの夢が幸せに同居したロマンティシズムといっていい。しかし、都市化が進み消費文化が浸透する一方で、不況を背景にした不穏なファシズムが進行する時代でもあった。

INAXライブミュージアムは、さすがにこの分野のトップメーカーだけあってすばらしい施設である。「世界のタイル博物館」「ものづくり工房」「土・どろんこ館」などがあるが、何といっても、文化財となっている窯跡の資料館と、そこに展示された世界各地の便器が注目だ。

私にとっての圧巻は、〝帝国ホテル〟に使われ

窯のある広場・資料館外観

た手引きのスクラッチタイルと、排気口や照明を兼ねたテラコッタの装飾であった。ル・コルビュジエの機械論的な建築に対して、自然に融合するオーガニック・アーキテクチャー（有機的建築）を説いたフランク・ロイド・ライトが、土を扱うときの情念と感触が伝わってくるような気がしたのだ。彼は「手の天才」であったと思う。晩年の傑作が日本に誕生したのは奇跡とも言え、それを取り壊したのは本当に惜しいことであったが、その姿の一部は明治村に移築され、その技術はここに移転されているのである。

「帝国ホテルは大きな挑戦だったが、それがＩＮＡＸを飛躍させた」と辻さんは言う。

産業技術記念館にしろ、ノリタケの森にしろ、このライブミュージアムにしろ、この地域が優良なものづくり企業に支えられていることを実感せざるを得ない。それが同時に日本の屋台骨であることを誇らしく思いながら、新年を迎えた。

INAXライブミュージアム　名鉄常滑線、同空港線・常滑駅から知多バス・INAXライブミュージアム前から徒歩2分。開館は10時～17時（入館は16時30分まで）。休館は第3水曜日（祝日は開館）、年末年始。入館料は一般600円、高・大学生400円、小・中学生200円、70歳以上500円、障害者無料。愛知県常滑市奥栄町1−130。問い合わせは同館 TEL0569(34)8282。

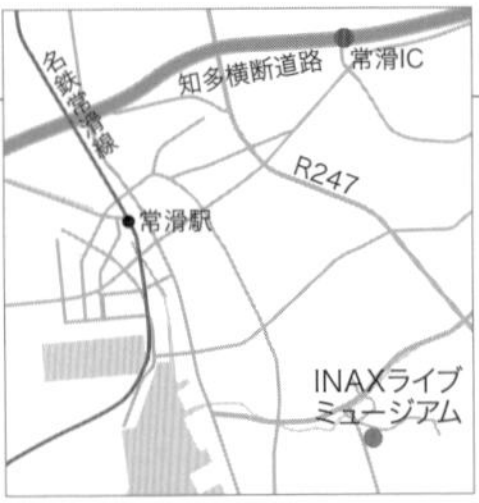

※INAXライブミュージアムは（株）LIXILが運営する文化施設です。

朝日生命館テラコッタの展示
撮影：梶原敏英

窯のある広場・資料館

横浜松坂屋本館テラコッタ　撮影：相原功

横浜松坂屋本館テラコッタの展示　撮影：梶原敏英

39 一宮市三岸節子記念美術館

人生の場所

三岸節子の美術館は、その生家跡に建つ小振りな建築である。市街地と田園の境界、そこにあった織布工場の屋根をモチーフに自然採光とし、力強い外観と居心地のいい内部を実現して好ましい空間だ。展示された作品を観《み》て歩けば、節子の人柄が浮かび上がる。苦難を乗り越えてなお激しく輝こうとする小さな太陽。本人を存じ上げない勝手な節子像であるがそれでいい。

ある空間がある人生を象徴するとなると、その場所と建築はなかなか難しい。

たとえば小樽にある石原裕次郎記念館は、あんなピカピカしたものでなく波止場の倉庫のようにザックリした建築の方が似合うと思われた。

テレビ番組で対談したことのある司馬遼太郎さんが亡くなられ、東大阪のご自宅に記念館が建てられると聞き、変なものにならなければと心配したが、安藤忠雄さんが設計することになって安心した。行ってみると、司馬さんの文章を彷彿《ほうふつ》させる簡明で奥行きのある空間が完成していた。だが安藤のような個性の強い大家が設計すると、そこに展示される人物よりも建築家の美意識が出すぎる嫌いもある。

場所について考える。

三岸節子は一宮（旧尾西市）に生まれ、機を織るバッタンの音の中で育ち、画才を発揮して東京の女子美術学校（現女子美術大学）に進み、首席で卒業すると同時に画家三岸好太郎と結婚する。しかし二十九歳の時に三人の子どもを抱えて死別。曲折を経て、神奈川県の大磯に住み、南仏のカーニュに渡り、再び大磯、そしてまたフランス、農村ヴェロンを拠点にイタリアやス

生家跡に建つ一宮市三岸節子記念美術館

ペインを旅し、八十四歳で帰国してから大磯を終《つい》の棲家《すみか》とした。つまり彼女の「人生の場所」は、一宮とともに大磯とヴェロンであろう。

画家にとって長く住む場所は格別の意味をもつ。佐伯祐三は日本の景観を描こうとして、それが絵にならないと悟り、再びパリに戻った。節子もまた、自己と風景と表現のギリギリの関係を模索して行き来したのに相違ない。小さな太陽は地球をめぐり、燃えるような色彩を残した。

バーチャルな時代ではあるが、人間は「場所」に生きる。それがリアルということだ。しっかりと足を着け眼《め》を開きたい。私はといえば、海外も含め二十回ほども引っ越しを繰り返して、ただ漂流。結局、名古屋と東京を頻繁に往復することとなった。つまり「人生の場所」は東海道新幹線というべきか。家賃が高い。

一宮市三岸節子記念美術館

JR東海道本線・尾張一宮駅、名鉄名古屋本線・名鉄一宮駅から名鉄バス・起工高 三岸美術館前から徒歩1分。開館は9時〜17時(入館16時30分)。休館は月曜日(祝日は開館)、12月28日〜1月4日。愛知県一宮市小信中島字郷南3147−1。問い合わせは同美術館 TEL0586(63)2892。

三岸節子1985年ヴェロンにて

ノコギリ屋根を利用した自然採光の常設展示室

生家跡の土蔵を利用した展示室

40 名古屋市演劇練習館「アクテノン」

古い建築に新しい生命

ヨーロッパに残る古い配水塔の写真集を見て「美しい」と思ったことがある。人間が住むという機能をもたず、落差によって水を配るという確固たる機能をもつ構造物が、それなりのデザインをもって街の中に屹立《きつりつ》することに凛々《りり》しさを感じたのだ。

ノルマンディー地方の海岸に建つ、ナチスが造ったトーチカの写真を見たときにも、荒々しいコンクリートの塊が「防衛」という機能のみをもって建てられていることに、強い存在感を覚えた。建築が、消えそうとしても消えない記憶の重さを語っている。

私は、いわゆる記念碑としての建築を好まない。どこかに思想の強制を感じる。また人間の情感につけ込んだ表層的な商業建築も、奇抜であるだけの前衛建築も好まない。麻薬のようなあざとさを感じる。建築とは、まず「必要」な物だ。その必要にどれだけ真摯《しんし》に応えているかというところに美しさがある。

名古屋市の稲葉地公園に建つアクテノンという演劇練習館は、一九三七（昭和十二）年に建てられた配水塔が、浄水場の建設によって役割を終え、六五年からしばらく中村区図書館として使われ、九五（平成七）年に現在の用途となった。アマチンの愛称で知られる俳優の天野鎮雄さんが当時の西尾武喜市長と話し合って決まったという。

神殿を思わせる16本の列柱が美しい「アクテノン」

名古屋市演劇練習館

くしくも、周囲に配されたギリシャ神殿風の列柱が、ヨーロッパ演劇の淵源《えんげん》たるギリシャ悲劇を偲《しの》ばせてピッタリの転用となった。新しく設計して建てられたものにはない風格を感じる。

その役割を終えた建築が、それにふさわしい新しい役割を与えられて使われるのは、建築に携わるものにとって、実にうれしいことである。古い建築が単に文化財として保存されるのは、動物が標本として博物館に入れられるようなものであり、観光用に残されるのは、いわば動物園に入れられるようなものであるが、新しい役割を与えられて使われるのは、病から立ち直った動物が再び野性に返るようなものであろう。

日本は超高齢社会に突入する。

高齢者が本当に望んでいることは、手厚く介護されることよりも、少しでも長く、少しでも生き生きと、社会に役立つ仕事をすることではないか。真摯に生きてきた人なら誰もその経験が役に立たないはずがない。効率や責任が問題だというなら仕組みを変えるべきだ。家族と地域の力はまだ生きている。人間の仕事は、「雇用」とか「労働」とかいう言葉によって語り尽くせるものではないのだ。

名古屋市演劇練習館「アクテノン」

地下鉄東山線・中村公園駅から徒歩12分。開館は9時30分～22時。休館は月曜日（祝祭・振替休日は開館）、12月29日～1月3日。名古屋市中村区稲葉地町1－47。問い合わせは同館 TEL052（413）6631。

五階にあるリハーサル室は水槽部分を転用

共用スペースには配水塔時代の名残の水道管がそのままに

41

新名古屋火力発電所

空間を時間に変える

二十五年ほど前だったか、日本建築学会をつうじて碧南火力発電所（愛知県碧南市）の外観の色を検討することを依頼された。「ただ色を塗るのではなく、少しデザインしたらどうか」と提案したのが事の始まりであった。中部電力の担当者も乗ってきて、結局、青と白の三角形を基調としたデザインとしたのだが、海に面してヨットの帆を並べたように見える。これが評判となって見学者が絶えず、発電所の多くに外観デザインが取り入れられるようになった。この傾向は海外にも広がっている。

新名古屋火力発電所の外観デザインを依頼されたのは、十五年ほど前。三期にわたる長期計画で、全部完成するまでに十七年かかるといわれてあぜんとした。しかし完成すれば、普通の建築ではありえない、六百メートルの長さに及ぶ壁が出現することに興味が湧いた。細い帯のような壁面をいかにするか。「空間を時間に変えてみよう」と思いついて、左から右へ音楽が流れるようなデザインとした。ブルーを基調として、ハイライトを追うことによってモーツァルトの交響曲四十番が心に浮かぶ仕掛けである。

「なぜその曲なのか」というのが最初の反応であった。「日本の歌手が歌っている名古屋の曲にならないか」というのであるが「それでは普遍性がない」といって押し切った。実は私の

音楽が流れるような壁面デザインの新名古屋火力発電所

継母が好きだった曲であるが、聴いて美しい音楽は見た目にも美しいということを発見した。両端の棟は完成したが、中心の棟は予定が立っていないのが残念だ。

　私の場合は、外壁に絵を描くようにするのは抵抗があり、あくまで建物のパネルに合わせて形と色を決めていくのであるが、現在焦眉《しょうび》の急となっている福島の発電所は、塗り替えを機に、青地に白の箔《はく》を散らしたようなデザインがなされたようだ。

　外観だけとはいえ、こういった巨大な建築物をデザインするのは良いことであるし、その機会を与えられたのは幸運なことであったと思う。しかし今、この大震災で感じていることは、建築の中身と表層の乖離《かいり》であり、その表層に漂うある種の虚《むな》しさである。

　発電所に限らず、最近の建築は都市においても、巨大な箱のようなものとなり、表面は無機質なガラスや金属や販売促進の記号に覆われ、内部はそれぞれのインテリアをもって商品を並べる。バーチャルな世界がリアルに近づくと同時に、リアルな世界がバーチャルに近づいているのだ。

　人間はその虚実の波間を漂っている。

新名古屋火力発電所

名古屋市バス（新瑞橋14系統、神宮東門19系統）・フラワーガーデン下車。見学は要予約（1カ月前までに）。名古屋市港区潮見町34。問い合わせは同業務課 TEL052(614)7320。

幾何学模様でデザインされた碧南火力発電所

上空から見た碧南火力発電所

おわりに

不二の一文字堂

大いなる毅然 大いなる孤独

ただ、山、立っている。

エベレストもモンブランも高い山だが、他の追随を許さず屹立《きつりつ》する姿において、不二の右に出る山はない。

その麓に小さな山荘を設計することになった。下り斜面の敷地の前に立ったとき、真正面に立ちはだかる大山が「さあここに建ててみろ」と言っているようで足がふるえた。

道路の脇にちょっとした車寄せをつくり、小さなブリッジを渡って二階に入る。そこはキッチンとバルコニーを備えたワンルーム。いわば不二を見るための舞台である。中央の階段を下りた一階は二つの寝室と浴室をもつ。いわば生活の楽屋だ。柱、梁《はり》、桁などの寸法を統一し、角をピタリと合わせ、構造材以外の余計な木材はまったく使わず、すべての部材が眼《め》に見えているという難しい仕事。優秀な宮大工が「伊勢神宮のようだ」と、意気に感じてくれたのが幸いであった。両側にに両側に突き出した棟木も、銅板葺《どうばんぶ》きの屋根も、四枚の白壁も、不二に捧《ささ》げる真一文字の構成。この場所がこの建築を創ったのだ。

三十数年前の処女作である。ほぼ同時期に『建築へ向かう旅』という著書を出した。世界の建築を観《み》て歩いた旅行記であるが、「積み上げる文化と組み立てる文化」というサブタイトルを付し、建築様式から西洋と日本の文化を比較している。その編集者に「若山さん。処女作を超えるのは難しいよ」と言われ、そんなことはあるまいと思ったのを記憶している。しかし今、定年退官のあとに書き始めた連載の最終回を処女作の話題で締めくくることになった。これまで何をしてきたのかとも思う。

世阿弥は能に、若いときの花（時分の花）と、年を取ってからの花（真の花）があると言った。真の花に近づくにはまだまだ努力が要るということだろう。

名古屋と東京を往復するたびに、この山はいつも違う表情を見せる。雪化粧にほれぼれすることもあり、雲隠れしてガッカリすることもある。

今はこの霊峰に日本の再生を祈らざるをえない。

それにしても不二。大いなる毅然《きぜん》。大いなる孤独。

処女作・不二の一文字堂

あとがき

三十年近く前のことだ。名工大に赴任してすぐ、うら若き女性記者が訪ねてきて、文化欄の執筆を依頼された。「行為としての建築」というタイトルで連載し、これは『建築再読の旅』（彰国社）という本になっている。そして一昨年、ちょうど名工大を定年退官するときに「建築は語る」というタイトルで連載することになり、十回程度はと思っていたが、一年間つづいた。それがこの本のもとである。かつてのうら若き女性記者は偉くなって、今は新聞社の幹部である。

連載の途中、フランク・ロイド・ライトが設計した帝国ホテルについて書いた夕刊が届けられる直前、自宅で彦根城についての原稿に手を入れているとき、東日本を大地震が襲った。そして津波と放射能、未曾有の大災害であった。帝国ホテルは竣工寸前に関東大震災に見舞われ被害を受けなかったことが話題となったのだから不思議な符合である。

ちょうどその一年後の三月十一日、同じように午後の陽が射し込む同じ机の上で、この「あとがき」を書いている。大変な一年であった。犠牲となった方々に深く哀悼の意を表し、救助に努力した人々に賞賛の意を表したい。

中日新聞には、名工大在任中をつうじて長いおつきあいをいただいたことに感謝するとともに、「建築は語る」連載の担当者、嶋津栄之氏、三品信氏に、そして本書の出版を提案していただいた山口宏昭氏、丁寧に編集していただいた坂井稔美さん、写真家、デザイナー、取材に協力していただいたすべての施設の担当者に謝意を表したい。

若山　滋

二〇一二年三月　陽光うららかな日

本書は中日新聞夕刊二〇一〇年四月～二〇一一年三月に連載された「建築を語る」に一部書き下ろしを加え編集しました。
・本書のデータは二〇一二年五月現在のものです。

撮　影　車田写真事務所　車田　保
宮澤正明写真事務所　宮澤正明（8〜10ページ、11ページ上）
中道淳／ナカサアンドパートナーズ（46〜48ページ）
アトリエR　畑　亮（149〜151ページ）
建築マップ　www.archi-map.jp（158、159ページ）
岡　泰行（160、161、163ページ）
梶原敏英（184ページ、185ページ下右）
相原　功（185ページ下左）

写真提供　神宮司庁
名古屋大学
瞑想の森・各務原市営斎場
内藤廣建築設計事務所（56、57ページ）
ヴォーリズ記念館
文化のみち二葉館　名古屋市旧川上貞奴邸事務局
蒲郡クラシックホテル
愛知県立芸術大学
彦根市教育委員会
ノリタケカンパニーリミテド
一宮市三岸節子記念美術館
新建築社
モード学園
平和不動産
金沢21世紀美術館
白川村役場
近江兄弟社学園
名古屋市市政資料館
南山大学
豊田市美術館
トヨタテクノミュージアム産業技術記念館
INAXライブミュージアム
中部電力
（掲載順）

資料提供　伊藤次郎左衛門

若山　滋（わかやま・しげる）

一九四七（昭和二十二）年、台湾生まれ。六九年東京工業大学建築学科卒。久米設計勤務、名古屋工業大学教授を経て現名誉教授。建築家として活動する一方、建築と文化、文学のかかわりを研究。著書に『建築へ向かう旅』『「家」と「やど」』『風土から文学への空間』など。中京大学、放送大学、椙山女学園大学の各客員教授、武蔵野美術大学非常勤講師。

建築の歌を聴く
中部の名作42選

二〇一二年六月二十六日　初版第一刷発行

著　者　若山　滋
発行者　山口宏昭
発行所　中日新聞社
〒四六〇 - 八五一一
名古屋市中区三の丸一丁目6番1号
TEL〇五二 - 二〇一 - 八八一一（大代表）
〇五二 - 二二一 - 一七一四（出版部直通）

印　刷　長苗印刷株式会社

ISBN 978-4-8062-0643-9 C0026